ULRICH MAIER

# BADEN-WÜRTTEMBERG IM MITTELALTER

Eine faszinierende Zeitreise

SILBERBURG

# INHALT

Campus Galli, Werkstatt des Töpfers.

Alamannenfest im Ellwanger Alamannenmuseum.

# VORWORT

Burgen, Klöster, gotische Kirchen, Mittelalterfeste, Ritterspiele – das Mittelalter ist in Baden-Württemberg präsent und sehr lebendig. Bei Meßkirch entsteht nach Plänen aus dem 8. Jahrhundert und mit Methoden der experimentellen Archäologie eine ganze Klosterstadt. An vielen Orten wie in Bad Wimpfen, Ravensburg oder Weingarten werden jährlich Mittelalterfeste mit großen Umzügen veranstaltet. Ritterturniere finden z. B. in Horb regelmäßig statt, und auf den Burgen des Landes zieht bei Aktionstagen mittelalterliches Leben ein.

Italienische Humanisten haben den Begriff *Mittelalter* geprägt und darunter die ihrer Meinung nach *dunkle* Zeit zwischen dem Ende des Römischen Reiches und ihrer Gegenwart verstanden, die sie als Wiedergeburt der Antike, französisch *Renaissance*, sehen wollten. Doch diese Einschätzung ist ziemlich einseitig angesichts der bunten Welt des Mittelalters, die bis heute nachwirkt. Zwar bedeutete der Rückzug der Römer einen tiefen, epochalen Einschnitt: Städte und Landgüter verlassen, römische Gebäude und Straßen dem Verfall preisgegeben. Die von der römischen Zivilisation geprägte Landschaft wich dem vordringenden germanischen Urwald. Doch bildeten sich in der Begegnung mit der Antike bald neue Kulturformen heraus.

Um 500 dringen die Franken nach Süden vor und beginnen in großem Stil mit der Christianisierung. Die Kirche bestimmt Politik und Gesellschaft ebenso wie das höfische Leben auf den Burgen der Adeligen. Im Spätmittelalter entwickelt sich im Südwesten ein differenziertes Herrschaftssystem von souveränen Stadtrepubliken, Landesherrschaften, reichsunmittelbaren Ritterschaften und geistlichen Territorien.

Die Gesellschaft ist klar gegliedert: Der geistliche Stand genießt besonderes Ansehen und profitiert von Stiftungen mancher um ihr Seelenheil besorgter Adliger. Diese bilden den zweiten Stand, der die weltliche Herrschaft ausübt – über die von ihnen abhängigen Bauern. Diese schaffen durch ihre Arbeit die materiellen Voraussetzungen für das Funktionieren des Staatswesens. Dann gibt es die Bürger in den immer reicher und mächtiger werdenden Städten. Dort hat zunächst der Stadtadel das Sagen. Aber da beginnt es bald zu brodeln. Die Handwerker wollen an der Macht beteiligt werden.

Gegen Ende des 15. Jahrhunderts werden die alten Herrschaftsstrukturen zunehmend infrage gestellt, zunächst im kirchlichen Bereich. Die Reformation bereitet sich vor. Wenig später wehren sich Bauern gegen herrschaftliche Willkür und werden dabei von vielen Stadtbürgern unterstützt. Noch gelingt es dem Adel, solche Freiheitskämpfe brutal zu unterdrücken, aber das neue Denken ist in der Welt, und das Mittelalter geht seinem Ende zu.

Turnierreiter im Museum auf Burg Guttenberg.

Um 400

# Die Alamannen in Vörstetten

Ende der 1960er-Jahre fand der Löwenwirt Karl Meier aus Vörstetten bei der Kartoffelernte einen goldenen Ring mit einem blauen Glasstein. Er ist heute in der archäologischen Sammlung des *Colombi-Schlössles* in Freiburg zu sehen. Auf der Innenseite des Rings sind germanische Runenzeichen eingraviert: F, Z, W und G.

Archäologen haben den Sinn der Inschrift so gedeutet: G steht für *Gibu* (Gabe), F für *Fehu* (Vieh als Zeichen des Wohlstands), W für *Wunjo* (Wonne, Freude) und Z als Zeichen für die Abwehr des Bösen. Der oder die Beschenkte soll also in Wohlstand, Freude und Frieden leben.

Jahrzehnte später stoßen im Gewann *Grub* Archäologen nur wenige Zentimeter unter der Erdoberfläche auf eine Reihe runder, dunkler Verfärbungen mit einem Durchmesser von ca. dreißig bis vierzig Zentimetern. Bei der vorsichtigen Freilegung werden hellgraue Aschereste sichtbar. Da ahnen sie, dass sie hier noch eine Weile beschäftigt sein werden. Tatsächlich ziehen sich die Grabungen – mit Unterbrechungen – von 1998 bis ins Jahr 2010 hin. Am Ende steht fest, dass sich auf dem Gelände eine alamannische Siedlung aus dem 4. bis 5. Jahrhundert befunden hat. Die runden dunklen Verfärbungen stammen von dicken Pfosten eines alamannischen Wohnstallhauses, das in seiner Bauweise nordgermanischen Häusern aus dem Küstengebiet an Nord- und Ostsee gleicht. Die Funde stützen die These, dass die Alamannen nicht nur aus dem Gebiet von Oder und Elbe, sondern auch aus dem nordgermanischen Raum nach Südwestdeutschland gekommen sind.

Die Ergebnisse der Grabung in Vörstetten sind so aufschlussreich, dass der Gedanke entsteht, nach Abschluss der archäologischen Untersuchung an Ort und Stelle ein Freilichtmuseum mit Nachbauten zu errichten, das anschaulich über die Lebensweise der Alamannen in der Zeit zwischen Spätantike und Frühmittelalter unterrichtet.

Das Haupthaus ist getreu der archäologischen Befunde erbaut. Der Grundtyp dieser Hausform hat sich über 1000 Jahre bis ins Spätmittelalter erhalten. Bänke und Liegen rund um die Feuerstelle dienen auch zum Schlafen. Das alamannische Mobiliar fällt durch kunstvoll gedrechselte Stuhl- und Tischbeine auf.

Der Alamannenhof in Vörstetten hat einige Nebengebäude und ist durch einen Flechtzaun aus Weidenruten gesichert. Hier trifft man auch auf eine germanische Kultstätte und erfährt etwas über den Götterglauben der Alamannen. Zu Frühlingsbeginn wurde die Göttin Nerthus verehrt. Weitere Götter haben sich in Bezeichnungen der Wochentage erhalten: Nach Ziu ist der Dienstag benannt, im alemannischen Dialekt heute *Zischdig*, nach Donar der Donnerstag, nach Freyr, dem Sonnengott, und seiner Schwester Freya der Freitag.

Alamannisches Wohnhaus im Freilichtmuseum Vörstetten.

Um 450

# Das alamannische Gräberfeld von Weingarten

Am Rande der Stadt Weingarten soll 1952 eine Neubausiedlung entstehen. Da stoßen Bauarbeiter beim Verlegen eines Kanals auf Knochen. Sofort werden die Bauarbeiten unterbrochen. Die herbeigerufenen Archäologen stellen schnell fest, dass die Arbeiter ein alamannisches Gräberfeld angeschnitten haben.

Die anschließenden Grabungen ziehen sich über fünf Jahre hin, während derer die Archäologen über 800 Gräber mit reichhaltigen Grabbeigaben freilegen – über 13 000 Fundobjekte. Die zeitliche Zuordnung reicht von der Mitte des 5. Jahrhunderts bis zum Ende des 7. Jahrhunderts. Bis heute sind noch nicht alle Funde ausgewertet. Die Chance, an so vielen Grabfunden das Leben in der Alamannenzeit zu erforschen, ist einmalig.

Anthropologische Untersuchungen an über 800 Skeletten in den 1980er- und 1990er-Jahren ergeben überraschende Befunde: 60 Prozent der Verstorbenen waren zwischen 20 und 65 Jahre alt, 20 Prozent erreichten ein Alter von über 60 Jahren. Der größte Mann war 1,78 Meter groß, die größte Frau maß 1,69 Meter. Männer waren im Durchschnitt etwa 1,70 Meter groß, Frauen rund 1,60 Meter. Die durchschnittliche Lebenserwartung lag bei etwa 40 Jahren. Durch DNA-Analysen kann man sogar verwandtschaftliche Beziehungen feststellen.

Detaillierte Untersuchungen an Knochenfragmenten führen zum Ergebnis, dass viele Alamannen an degenerativen Krankheiten litten. Fast zwei Drittel der untersuchten Skelette haben Zähne mit Kariesbefall. Bei älteren Personen sind die Zähne häufig bis auf Stummel abgekaut. Ab einem Alter von 40 Jahren häufen sich rheumatische und arthritische Erkrankungen mit deutlichen Bewegungseinschränkungen. Doch es gab auch Chancen auf Genesung. Einige weisen verheilte Knochenbrüche oder Knochenverletzungen, etwa durch Schwerthiebe, auf. Nachweislich gab es erfolgreiche medizinische Behandlungen. Alamannische Ärzte konnten lose Knochensplitter entfernen, offene Wunden vernähen, Bandagen aller Art anlegen oder einen Leistenbruch mit einem Bruchband stabilisieren. Sogar an Schädeloperationen haben sie sich versucht.

Das Alamannenmuseum Weingarten stellt die Grabfunde in den Mittelpunkt. So werden authentisch nachgebildete Gräber eines Mannes und einer Frau mit den Skelettresten und Beigaben in Fundlage gezeigt. Wer das Museum besucht, erfährt, wie die Forscher – ausgehend von den Funden – das Alltagsleben der Alamannen rekonstruieren; etwa, wie sich Männer und Frauen der Alamannenzeit gekleidet haben, welche Handelsbeziehungen bestanden, welche handwerklichen und künstlerischen Fähigkeiten Alamannen besaßen oder welche Waffen sie benutzten.

Einblick in ein Magazin mit Knochenfunden im Alamannenmuseum Weingarten.

Weingarten
4121-4124
Weingarten
4101-4104
Weingarten
3799-3802
Weingarten
3868-3870
Weingarten
3871
Weingarten
3338-3346

496

# Ladenburg wird fränkisch

Bis ins Rheinland sind die Alamannen schon vorgedrungen. Nun stehen sie mitten in fränkischem Herrschaftsgebiet südlich von Köln. Da stellen sich ihnen die Rheinfranken und die Salfranken entgegen und schlagen sie bei Zülpich entscheidend. In den kommenden Jahren werden die Alamannen von den Franken weit nach Süden verdrängt. Fränkische Siedler ziehen nach und besiedeln den nördlichen Teil des heutigen Baden-Württembergs.

Nach der Legende soll der Frankenkönig Chlodwig vor der Schlacht versprochen haben, wenn Gott ihm den Sieg schenke, würde er sich taufen lassen. Chlodwig ist ein gewiefter Taktiker. Syagrius, den letzten römischen Herrscher in Gallien, hat er besiegt, die fränkischen Kleinkönige unterworfen. Auch vor Mord schreckt er nicht zurück, um seine Macht durchzusetzen, selbst im engen Verwandtenkreis.

Chlodwig siegt und hält sein Versprechen. Nicht etwa aus Frömmigkeit. Er hat eingesehen, dass die Oberherrschaft der Franken im christlich-römischen Gallien dann eher akzeptiert wird, und deshalb sorgt er auch dafür, dass sich die Franken taufen lassen. Mit dem Papst schließt er einen Vertrag, worin er sich Einfluss auf die Besetzung der Bischofsämter sichert. Von da an setzt sich das Christentum bei den Franken und später auch bei den Alamannen durch.

In den besetzten Gebieten Alamanniens gründet Chlodwig Königshöfe, so auch bereits im Jahr der Schlacht von Zülpich in Ladenburg, wo die Römer bis in die Mitte des 5. Jahrhunderts einen befestigten Neckarhafen halten. Dort sitzen die Nachkommen der Neckarsueben, die das Römische Reich im Mündungsgebiet des Neckars in den Rhein angesiedelt hat. Sie nennen sich *Civitas Sueborum Nicrensium*, Bürgerschaft der Neckarschwaben. Bereits wenige Jahre nach Caesars Tod waren sie von den Römern in ihr Herrschaftsgebiet aufgenommen worden, nachdem sie immer wieder aus dem Elbegebiet an den Rhein gezogen waren. Eine römische Karte bezeichnet die Gegend um Ladenburg als *Suevia*. Daraus leitet sich später die Bezeichnung *Schwaben* ab. So lässt sich in Ladenburg die erste suebische Siedlung im heutigen Baden-Württemberg nachweisen. Ihre Hauptstadt nennen sie Lopodunum, abgeleitet aus dem keltischen Wort Lokudunom, das Seeburg bedeutet. In römischer Zeit blüht Lopodunum auf und wird von Kaiser Trajan noch im 1. Jahrhundert zur Stadt erhoben.

Die Franken bringen das Christentum nach Ladenburg. Im 7. Jahrhundert schenkt der Frankenkönig Dagobert I. *Lobdenburg*, wie die Franken Ladenburg nennen, dem Bistum Worms. Kelten, Sueben, Römer, Alamannen, Franken – in keiner anderen Stadt Baden-Württembergs lässt sich eine Siedlungskontinuität von der Antike bis ins Mittelalter so lückenlos nachweisen wie in Ladenburg.

Chlodwigs Taufe, Meister von St. Gilles, um 1500.

580

# Ein musikalischer Alamannenfürst

Die Musikstadt Trossingen ist bekannt für ihre Staatliche Musikhochschule und ihre Musikinstrumentenindustrie. Doch schon vor annähernd 1500 Jahren machte man in Trossingen Musik, wie das im Jahre 2002 geborgene Grab eines Alamannenfürsten beweist. Die Dokumentation der Funde im Archäologischen Institut der Universität Freiburg dauern viele Jahre.

Er war 1,78 Meter groß und starb mit etwa 40 Jahren. Mit Sicherheit gehörte er zu der alamannischen Führungsschicht. Die Dinge, die man ihm ins Grab gelegt hat, geben Auskunft über sein Leben. Ein Schwert und eine 3,60 Meter lange Reiterlanze zeigen, dass er ein kriegerisches Leben führte und viel mit seinem Pferd unterwegs war.

Unter den Grabbeigaben befinden sich auch ein Tisch, ein Stuhl, ein Kerzenleuchter, Teller, Schalen und eine hölzerne Flasche, in der man einen Rest von Bier feststellen kann, ein mit Honig gewürztes Starkbier aus Gerste, dem bereits Hopfen zugesetzt war. Die Archäologen gehen davon aus, dass er ein Freund von Gastmählern gewesen war. Dazu passt auch die interessanteste Beigabe, eine Leier mit sechs Saiten, wahrscheinlich sein eigenes Instrument, das er gerne gespielt und vermutlich auch dazu gesungen hat. So hat man ihn vor eineinhalb Jahrtausenden ins Grab gelegt: In der rechten Hand hält er sein Schwert, in der Linken die Leier. Er trägt eine Leinenhose, eine wollene Tunika, darüber einen Mantel und lederbesetzte Handschuhe. Die Eichenbohlen der Grabkammer hat man dendrochronologisch untersucht. So konnte die Beisetzung exakt auf das Jahr 580 n. Chr. festgelegt werden.

Die Leier aus Ahornholz ist etwa achtzig Zentimeter lang und zwanzig Zentimeter breit. Sie hat einen Resonanzkasten mit Schalllöchern und Verzierungen. Auf der Vorderseite sind jeweils sechs bewaffnete Krieger zu sehen, die aufeinander zuschreiten. Auf der Rückseite des Resonanzkörpers winden sich 44 Schlangen zu einem Flechtornament. Die eingeschnitzten Verzierungen sind mit Ruß geschwärzt, damit sie sich von der Holzoberfläche abheben. Auf dem Resonanzkasten ist – wie bei heutigen Saiteninstrumenten – ein Steg angebracht.

Die Trossinger Leier ist aufgrund ihres hervorragenden Erhaltungszustandes eine Besonderheit. Deshalb werden Nachbauten gerne von Spielleuten auf Mittelalterfestivals eingesetzt. Das Prunkstück ist im Original im Archäologischen Landesmuseum in Konstanz zu sehen. Eine originalgetreue Nachbildung wird im Museum Auberlehaus in Trossingen gezeigt. Dort kann man auch von Zeit zu Zeit das nach den Ergebnissen der archäologischen Analyse des eingetrockneten Bierrestes in der Holzflasche gebraute Bier des Alamannenfürsten probieren.

Die Trossinger Leier im Archäologischen Landesmuseum Konstanz.

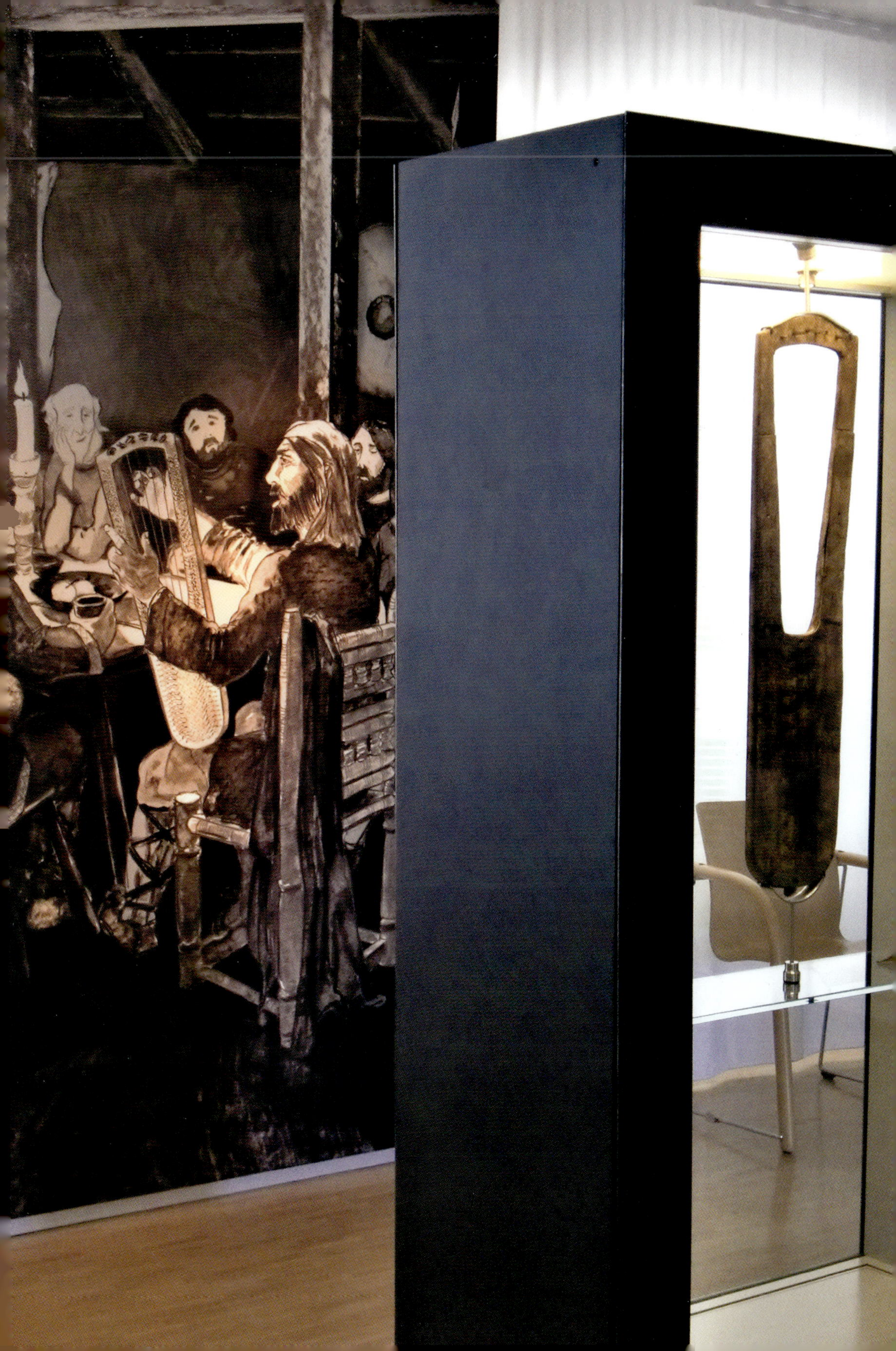

Sanctus Pirminius ·

724

# Pirmin gründet das Kloster Reichenau

Abenteuerlustig muss der irische Mönch schon gewesen sein. Der fränkische Hausmeier Karl Martell schickt ihn 724 zu den Alamannen an den Bodensee auf eine sumpfige Insel hinter Konstanz, um dort ein Kloster zu gründen, das dem Kloster in St. Gallen – am anderen Ende des Sees – Konkurrenz machen soll. Denn der alamannische Adel sieht in St. Gallen sein Machtzentrum und wehrt sich gegen die fränkische Oberherrschaft.

Die Insel ist fränkisches Königsland, aber eine »reiche Au« damals sicher noch nicht. In der Volkssage von Pirmins Ankunft auf der Reichenau ist von *giftigen Schlangen und anderem Gewürm* die Rede. Weiter heißt es: »Pirmin sprang ans Ufer, stieß seinen Stab in die Erde und rief aus: ›Hier soll das Kreuz Christi errichtet werden, damit sein Licht über ganz Alamannien erstrahle.‹ Sogleich sprudelte eine Quelle mit frischem Wasser hervor, und alles schlimme Getier verließ fluchtartig die Insel. Drei Tage dauerte es, dann war die Insel sauber.«

Heidnisches Gedankengut ist bei den Alamannen noch weit verbreitet, aber die *Lex Alamannorum* aus dem frühen 8. Jahrhundert schützt die Kirche bereits ausdrücklich. Außerdem residiert in Konstanz seit dem Ende des 6. Jahrhunderts ein alamannischer Bischof. Doch Pirmin wird vom alamannischen Adel angefeindet, der eine fränkische Einmischung im Bodenseeraum ablehnt. Er zieht bereits nach wenigen Jahren weiter und gründet im Schwarzwald und in den Vogesen weitere Klöster. Das Kloster auf der Reichenau, mit lateinischem Namen *Augia*, bleibt aber bestehen und genießt die Unterstützung der fränkischen Karolinger. Als die Alamannen in einem Aufstand versuchen, die fränkische Oberherrschaft abzuschütteln, ist deren Rache grausam. Fast der gesamte alamannische Adel wird zu einem Gerichtstag nach Cannstatt geladen, der Untreue angeklagt und hingerichtet.

Die fränkische Abtei Reichenau wird in diesen Jahren mit dem Bistum Konstanz vereinigt und erlebt als Reichskloster eine neue Blüte als Zentrum der Buchmalerei und Gelehrsamkeit. Mitte des 9. Jahrhunderts ist dort Walahfrid Strabo Abt, der als Wissenschaftler und Dichter weit über Alamannien hinaus bekannt ist. In der *Visio Wettini* beschreibt er die Reichenau im Bodensee:

*Mittendrin erhebt sich eine gewaltige Insel,*
*Augia wird sie genannt: Rundum ist Deutschland gelagert.*
*Aus ihr gingen hervor viel Scharen trefflicher Mönche.*
*Erstmals baute auf ihr ein Kloster der heilige Bischof Pirmin*
*Und hütete dort drei Jahre hindurch seine Herde.*

Glasfenster im Münster von Mittelzell auf der Reichenau, 1556.

764

# Hariolf und die Gründung des Klosters Ellwangen

Hariolf entstammt einer alamannischen Adelsfamilie, die gute Beziehungen zum fränkischen Königshof pflegt. Längst sind die Alamannen in das fränkische Reich der Merowinger, dann der Karolinger eingegliedert. Die Franken sind die herrschende Macht in Deutschland. Was Hariolf mit Ellwangen zu tun hat, berichtet der Ellwanger Mönch Ermenrich, der seine Lebensgeschichte um das Jahr 850 aufgezeichnet hat.

Hariolf war mit seinem guten Freund Cadoloh auf der Jagd im Virngrund. Sie verfolgten einen Elch, den sie schließlich am Abend auch erlegen konnten. Den Ort nannten sie nach Ermenrich »Elchfang«, woraus »Ellwangen« abgeleitet sei. Als Hariolf an diesem Ort die Nacht verbrachte, versank er in tiefen Schlaf. Plötzlich erwachte er, hörte Glockenklang, bekreuzigte sich und schlief ein. Da hörte er die Glocken wieder. Als er aber zum dritten Mal die Glocken läuten hörte, weckte er einen seiner Knechte: »Hast du denn nichts gehört?« – »Doch, es war wie das letzte Ausklingen von Glocken.« Da wies ihn Hariolf an: »Bekreuzige dich!« Unten im Tal hatte man zur selben Nachtstunde Glocken gehört. Dabei gab es weit und breit keinen Kirchturm. Da machte sich Hariolf auf zu seinem Bruder, Bischof Erlolf, und beschloss, Mönch zu werden. Mit ihm besuchte er bald den Virngrund wieder, um nach einem Platz für ein Kloster zu suchen. Gott führte sie an die Stelle, an der heute der Altar der Kirche steht. So weit die von Ermenrich überlieferte Gründungssage.

Zwischenzeitlich war auch Hariolf Bischof von Langres, kehrte aber bald wieder nach Ellwangen zurück. Er und sein Bruder Erlolf sind in der Basilika St. Vitus begraben, die auf die erste Klosterkirche zurückgeht. Die Namensableitung des Chronisten gilt heute als überholt. Mit *Elchfang* hat der Name der Stadt nichts zu tun. Der erste Bestandteil leitet sich von dem germanischen Namen *Alaho* ab, der zweite bezeichnet eine geneigte Wiesenfläche, sodass Ellwangen etwa *Weidegründe des Alaho* bedeutet. Die in der Legende anklingenden Beziehungen ins Westfrankenreich sind dagegen belegt. Die ersten Mönche kamen aus der Benediktinerabtei Benigne in Dijon nach Ellwangen. Mit Langres, wo Erlolf und Hariolf Bischöfe waren, pflegt Ellwangen heute eine Städtepartnerschaft. In Ellwangen blühte die Benediktinerabtei bald auf. Um das Kloster bildete sich eine Stadt, denn Ellwangen lag an zwei wichtigen Fernstraßen, zog Händler an und war strategisch von Bedeutung.

An die Alamannen, die hier seit dem 5. Jahrhundert nachweisbar sind, erinnert das Ellwanger Alamannenmuseum. Dort werden Funde der Ausgrabungen gezeigt und das Alltagsleben der Alamannen anschaulich vermittelt.

▲ Basilika St. Vitus in Ellwangen. ▼ Alamannischer Wohnraum im Alamannenmuseum.

819

# Familiendrama in Weingarten

Der Stammbaum der Welfen lässt sich bis ins 8. Jahrhundert zurückverfolgen. 819 ist ein Graf Welf im Schussengau belegt. Seine Burg steht auf dem Martinsberg bei Weingarten, das damals noch Altdorf heißt. Später verlegen die Welfen ihren Sitz nach Ravensburg und gründen auf dem Martinsberg ein Kloster, das den Namen *Weingarten* erhält. Es blüht bald auf und dient den Welfen als Grablege.

Alljährlich feiern die Weingartener ihr Welfenfest mit einem großen Umzug. Ein Höhepunkt ist die Darstellung der Welfensage, die an der Giebelfront des Amtshauses der oberschwäbischen Stadt auf vier Wandgemälden verewigt ist. Darüber hinaus zeigt eine Skulpturengruppe auf dem kleinen Münsterplatz die entscheidende Szene des mittelalterlichen Familiendramas.

Die Sage in aller Kürze: Gräfin Irmentrud gebiert ihrem Gatten Graf Isenbart zwölf Knaben. Das galt als böses Omen. »So viel Kinder, so viel Väter«, munkelte man damals. So lässt sie elf Säuglinge heimlich wegschaffen. Eine Magd soll sie im Bach ertränken. Unterwegs trifft sie den Grafen, der von der Jagd heimkehrt. Sie solle elf Welpen ertränken, behauptet sie. Der Graf blickt in ihren Wagen, entdeckt die Säuglinge und stellt sie zur Rede. Da erzählt sie ihm die ganze Geschichte. Doch der Graf befiehlt ihr, seiner Frau auszurichten, sie habe den Auftrag erfüllt. Die elf Knaben aber lässt er heimlich aufziehen, und als Jahre vergangen sind, lädt der Graf zu einem Fest. Er erzählt die Geschichte von der Mutter, die ihre eigenen Kinder wie Welpen ertränken lassen wollte. Welche Strafe sie denn verdiene, fragt er Irmentrud. Böses ahnend stammelt sie: »Den Tod.« Da treten auf ein Zeichen die elf Knaben ein. Die Gräfin wirft sich ihrem Mann zu Füßen und bettelt um Gnade. Nur durch die Fürsprache der elf Knaben verschont der Graf ihr Leben. Diese werden fortan die *Welfen* genannt.

Michael Lindener hat die Geschichte um 1560 in der *Wunderbarlichen Historia von dem Ursprung und Namen der Welfen* veröffentlicht. Man geht heute davon aus, dass er sie frei erfunden hat. Eine schönere Version zur Erklärung des Geschlechternamens bietet die Welfenchronik, die um 1170 entstanden ist: Bei Hofe soll ein Vorfahr der Welfen erfahren haben, dass ihm ein Sohn geboren sei. Er bittet den Kaiser, Urlaub nehmen zu dürfen. Der antwortet: »Wegen eines Welpen wollt ihr gleich abreisen?« Darauf der Vater: »Ihr habt dem Kind soeben einen Namen gegeben. Wollt ihr es auch aus der Taufe heben?« Weingarten gilt tatsächlich als früher Mittelpunkt welfischer Herrschaft. Noch um 1100 nannte sich der Bayernherzog Welf VI. *Herzog von Altdorf*, wie die Siedlung unterhalb des Klosters damals noch hieß. Herzöge, Könige und sogar ein Kaiser gingen aus dem Welfengeschlecht hervor.

▲ Darstellung der Welfensage im Festzug. ▼ Skulptur von Eberhard Martin Schmidt zur Welfensage.

Um 830

# Ein Kloster nach Plan

Gut vier Kilometer nördlich von Meßkirch beginnt am frühen Morgen des 1. August 2012 ein Projekt, das auf Jahrzehnte angelegt ist. Auf einer Wiese warten Männer und Frauen um den Initiator Bert M. Geurten gespannt auf den Sonnenaufgang. Mit den ersten Strahlen soll die Baulinie der künftigen karolingischen Klosterstadt bestimmt werden.

Vor 1200 Jahren entstand im Kloster auf der Insel Reichenau ein Plan, wie ein perfektes Kloster gebaut werden sollte. Abt Hatto schickte ihn an seinen Kollegen Gozbert, den Abt des Klosters Sankt Gallen. In der dortigen Stiftsbibliothek wird das lichtempfindliche Pergament sorgsam verwahrt und deshalb nur selten der Öffentlichkeit gezeigt. Aus fünf einzelnen Pergamentstücken ist es zusammengenäht. Auf einer Größe von 112 auf 77,5 Zentimetern sind Grundrisse von etwa 50 Gebäuden eingezeichnet, die sich um die Klosterkirche gruppieren. Handschriftlich sind die Bezeichnungen hinzugefügt. Direkt an die Kirche schließt sich der Kreuzgang an mit Skriptorium, Sakristei und den Klausurräumen der Mönche: Schlaftrakt, Speisetrakt, Latrine, Waschhaus, Küche, Brau- und Backhaus. Es gibt ein Gästehaus, das Haus des Abtes, ein Novizenhaus und ein Hospital, Werkstätten für Handwerker, Gebäude für die Landwirtschaft, einen Gemüsegarten und einen speziellen für Heilpflanzen.

Abt Gozbert hatte im Jahr 830 die Klosterkirche in St. Gallen abreißen lassen und mit dem Neubau seines Klosters begonnen. Offenbar hatte er im Kloster Reichenau um Rat gefragt. Der Klosterplan trägt eine Widmung, in der es heißt: »Stell dir nicht vor, dass ich diese Aufgabe unternommen habe in der Annahme, dass du auf unsere Anweisungen angewiesen bist, sondern gehe davon aus, dass ich dies aus Gottesliebe und freundschaftlichem brüderlichen Eifer gezeichnet habe, nur für deine Betrachtung.«

Das 1200 Jahre später begonnene Projekt will nun mit zeitgenössischen Werkzeugen und Baumaterialien, wie sie den mittelalterlichen Handwerkern zur Verfügung standen, den Plan nach den Methoden der experimentellen Archäologie in die Tat umsetzen. Wissenschaftler begleiten die Arbeit, unter ihnen auch der Leiter des Landesamts für Denkmalpflege Baden-Württemberg sowie der frühere Stiftsbibliothekar des Klosters St. Gallen, Mittelalterarchäologen und Historiker. SWR und die baden-württembergische Filmförderung sind mit einer Langzeitdokumentation beteiligt. Finanziell unterstützt wird das Projekt von der Stadt Meßkirch, dem Landkreis Sigmaringen, dem Ministerium für Wissenschaft, Forschung und Kunst sowie von der EU. Hauptsächlich aber soll es sich durch die Eintrittsgelder der Besucher tragen.

▲ In der Werkstatt des Steinmetzen. ▼ Rekonstruktion nach dem Klosterplan.

Campus
Galli

MONASTERIVM
SCI. GALLI.

973

# Herzogin Hadwig auf dem Hohentwiel

Fast 700 Meter ist der Hohentwiel hoch und prägt zusammen mit dem Hohenstoffeln, dem Hohenkrähen und dem Hohenhewen das typische Bild der Hegaulandschaft. Vor Millionen Jahren war er ein vitaler Vulkan. Dann wurde seine Aktivität immer schwächer, und irgendwann blieb das Magma schließlich als Schlotpfropfen im Krater stecken. Gletschermassen während der Eiszeit schliffen die Erdschichten rund um den erstarrten Magmafelsen ab.

Seit vielen Tausend Jahren ist die Gegend rund um den Hohentwiel besiedelt. Archäologen fanden Spuren aus der Mittel- und Jungsteinzeit. Auch die Kelten waren hier. Die früheste urkundliche Erwähnung stammt aus dem Jahr 915. Da wurde die Festung auf seinem Gipfel belagert. Die Herrschaft über den Hohentwiel übte damals Burchard II., Herzog von Schwaben, aus. Das Zentrum seines Herzogtums lag rund um den Bodensee und reichte weit in die Schweizer Alpen hinein, bis in die Gegend des Comer Sees. Sein Sohn Burchard III., ebenfalls Herzog von Schwaben, ließ die Burg zur herzoglichen Residenz ausbauen. Er starb 973. Seine Frau Hadwig lebte aber noch gut zwanzig Jahre auf dem Hohentwiel, bis zu ihrem Tod 994.

In dieser Zeit hat Viktor von Scheffel seinen Roman *Ekkehard* angesiedelt, der über weite Strecken auf dem Hohentwiel spielt und sich in großen Teilen eng an die historischen Quellen hält. Scheffel griff eine Episode der Klostergeschichte von St. Gallen aus dem 11. Jahrhundert auf. Dort ist überliefert, dass Hadwig den gelehrten Mönch Ekkehard auf den Hohentwiel rufen ließ, damit er sie in Latein unterrichte. Die beiden verstanden sich gut. Nicht nur auf Latein. Hadwig förderte seine weitere Laufbahn. Sie empfahl Ekkehard weiter an den Hof Kaiser Ottos I. Dort unterrichtete er dessen Sohn, den späteren Kaiser Otto II.

Scheffel hat aus der Begegnung zwischen Ekkehard und Hadwig eine tragische Liebesgeschichte gesponnen. Die verwitwete Herzogin lernt Ekkehard bei einem Besuch des Klosters St. Gallen kennen. Er führt die Herzogin durch Schule, Bibliothek und Schatzkammer. Hadwig verliebt sich in ihn, lässt ihn wenig später entführen und als Gefangenen auf den Hohentwiel bringen. Dort gewinnt sie schließlich seine Liebe und stürzt ihn in einen Zwiespalt von sündiger Versuchung und Mönchsgelübde.

Scheffels Roman wird zum Kultbuch, das noch zu Lebzeiten des Dichters sage und schreibe 89 Auflagen erlebt. Johann Joseph Abert macht daraus sogar eine Oper, die 1878 in der Hofoper in Berlin uraufgeführt wird, und 1989 entsteht nach Scheffels Roman die sechsteilige Fernsehserie *Ekkehard*. Heute ist die größte Burgruine Deutschlands Schauplatz des jährlichen Hohentwiel-Festivals und touristischer Anziehungspunkt der Bodenseeregion.

▲ Aquarell von Hans Dorn, 1588. ▼ Festungsruine Hohentwiel.

1037

# Die Salzsieder von Schwäbisch Hall

Das Salz hat Schwäbisch Hall reich gemacht. Nahe am Kocher, mitten auf dem heutigen Haalplatz, steht der Haalbrunnen, für Jahrhunderte die sprudelnde Quelle des Haller Wohlstands. Der Salzgehalt des dort geschöpften Grundwassers beträgt vier bis sechs Prozent. Entsprechend aufwendig war es, das Wasser durch Sieden in eisernen Pfannen zu verdampfen, um an das weiße Gold zu kommen.

Dazu braucht man große Mengen an Holz. Doch da Hall von waldreichen Mittelgebirgen umgeben ist, besteht daran kein Mangel. Seit keltischer Zeit wird hier auf diese Weise Salz gewonnen und gehandelt. Nachgewiesen ist die Sole aber erst im Öhringer Stiftungsbrief aus dem Jahr 1037. Im Hochmittelalter beziehen viele süddeutsche Städte Haller Salz, wie Heilbronn, Straßburg, Basel oder Speyer. Bergmännisch kann in Südwestdeutschland Salz erst im 19. Jahrhundert gewonnen werden. Entsprechend teuer ist das aus der Sole gewonnene Salz. Leicht zu lagern und zu transportieren ist es nicht, denn es darf nicht nass werden.

Ein Vertrag aus dem frühen 14. Jahrhundert regelt die Salzgewinnung. Für 500 Jahre werden 111 Siedeanteile festgelegt, die *Sieden*. 21 davon beansprucht die Kirche, 55 der Stadtadel, 17,5 bleiben bei den Bürgern. Auch das Spital und der König besitzen Anteile. Die eigentlichen Sieder sind damals noch unfreie Knechte. Aber mit der Zeit gelingt es ihnen, durch *Erbleihe* Nutznießer ihres Handwerks zu werden, und Mitte des 14. Jahrhunderts ziehen die ersten Sieder in den Rat der Stadt ein. Als Reichsstadt verfügt das reiche Hall über einen großen Territorialbesitz. Seine Währung, der *Heller*, gehört zu den bekanntesten und weitverbreitetsten Münzen Mitteleuropas.

In mittelalterlichen Urkunden wird die Stadt nur als *Hall* bezeichnet, ein Ortsname, der auf Salzgewinnung hinweist. Wie aber ist die Stadt zu ihrem ersten Namensbestandteil *Schwäbisch* gekommen, wo sie doch in Franken liegt? Sie gehörte im Mittelalter nie zum Herzogtum Schwaben, sondern immer zum Herzogtum Franken. Aber im 14. Jahrhundert strebt die Reichsstadt nach immer mehr Unabhängigkeit. In Rechtsfragen ist das fränkische Landgericht in Würzburg zuständig. Das wollen die Haller ändern. Also behaupten sie, ihre Stadt liege auf schwäbischem Territorium, und erkennen das Gericht in Würzburg nicht mehr an. Schließlich setzt der Rat der Stadt fest, in allen offiziellen Dokumenten den Namen *Schwäbisch Hall* zu verwenden, und beantragt 1495 die Aufnahme in den *Schwäbischen Reichskreis*. Als Schwäbisch Hall 1802 württembergisch wird, streicht man das *Schwäbisch* wieder. Die Stadt nennt sich nun *Hall am Kocher*. Doch 1934 wird die Bezeichnung *Schwäbisch Hall* wieder offiziell.

▲ Haalbrunnen. ▼ Kolorierter Kupferstich von 1580.

Haalbrunnen

HALA, ad Co-
charum flumen in Sueuia op-
salis foecunditate, nobile
KOC
HER FLU
KOCHER

Um 1040

# Hildegard von Egisheim

Geboren ist sie um 1025 in Schlettstadt als Tochter des Grafen Gerhard I. von Egisheim-Dagsburg. Ihr Onkel väterlicherseits ist Papst Leo IX. Um 1040 heiratet sie Friedrich von Büren, den Grafen im Riesgau, und hat mit ihm sechs Kinder, darunter Friedrich I., der 1079 Herzog von Schwaben wird. Das Ehepaar gilt als Begründer der Stauferdynastie. Hildegard ist die Urgroßmutter von Kaiser Barbarossa.

Als man im Jahr 1892 im Chor der St. Fides geweihten Kirche im elsässischen Schlettstadt ihr Grab öffnet, findet man einen Holzsarg, der nach 800 Jahren noch gut erhalten ist. Vorsichtig hebt man den Deckel und stößt auf einen Leichnam, der mit einer dicken Kalkschicht bedeckt ist. Das ist ungewöhnlich, doch findet sich dafür bald eine Erklärung: Hildegard war im Alter von etwa siebzig Jahren an einer Seuche gestorben. Der Kalk soll Ansteckungen verhindern. Durch die Kalkschicht aber bleiben Teile des Kopfes und des Oberkörpers erhalten, ähnlich wie bei Menschen, die man nach vielen Jahrhunderten in Pompeji nach dem Ausbruch des Vesuvs im Jahr 79 n. Chr. gefunden hat. Die Untersuchungskommission lässt die Hohlform der Kalkkruste mit Gips ausgießen. So entsteht eine Totenmaske, welche die individuellen Züge einer Frau aus dem hohen Mittelalter zeigt.

Manche Historiker zweifeln allerdings daran, dass es sich tatsächlich um Hildegard handelt. Zweifellos hat sie die Kirche in Schlettstadt gegründet, auch das Grab stammt aus der Zeit ihres Todes. Aber zeigt der Gipsabguss das Gesicht einer etwa siebzigjährigen Frau? Oder handelt es sich bei der Toten um ihre kurz vor ihrem Tod gestorbene Tochter Adelheid, die etwa im Alter von vierzig Jahren starb? Wie auch immer, der Abguss vermittelt uns das einzige authentische Gesicht aus dem Mittelalter, das wir kennen – in Lebensgröße und auf natürliche Weise entstanden.

Hildegard hat ihren Mann um Jahrzehnte überlebt. Friedrich starb bereits in den 1050er-Jahren. Um das Jahr 1087 ließ Hildegard in Schlettstadt eine Kapelle errichten. Diese wich der größeren Kirche, die in der Zeit Barbarossas errichtet wurde, über der Krypta, in der seine Urgroßmutter ruhte. In ihrer Heimat Schlettstadt ist Hildegard am 4. Februar 1095 gestorben. Das letzte urkundliche Zeugnis ihres Lebens stammt aus dem Jahr 1094. Eine Schenkungsurkunde für die Abtei St. Fides in Conques in Südfrankreich nennt sie zusammen mit ihren Söhnen Bischof Otto von Straßburg, Herzog Friedrich von Schwaben, Ludwig, Walter und Konrad sowie ihrer Tochter Adelheid. Gräfin Hildegard selbst lässt sich in der Urkunde als eine *Arme in Christus* nennen. Doch durch Hildegard von Egisheim kam reiches Erbe aus dem Elsass in die Hände der aufstrebenden Familie der Staufer.

Natürliche Totenmaske im Museum im Steinhaus in Bad Wimpfen.

Um 1070

# Hohenstaufen – der Kaiserberg

Während des Bauernkriegs 1525 wird die Burg auf dem Hohenstaufen zerstört. Fast 500 Jahre später, im Jahr 2010, diskutiert man in Göppingen den originalgetreuen Wiederaufbau. Kommunalpolitiker, darunter auch Göppingens OB, Bauexperten, Archäologen, Historiker und Leserbriefschreiber tauschen ihre Ideen aus. Zweifellos wäre die wiederaufgebaute Stammburg der Staufer ein Anziehungspunkt für das Stauferland.

Skeptiker winken ab, warnen vor einem neuen Disneyland und weisen darauf hin, dass man ja nicht genau wisse, wie die Burg in der Stauferzeit wirklich ausgesehen habe. So scheitert die Initiative nach wenigen Jahren an denkmalschutzrechtlichen Bedenken. Damit bleibt es bei den spärlichen freigelegten und konservierten Grundmauern, die der Besucher heute auf der Bergkuppe vorfindet.

Schon nach der Reichsgründung 1871 gab es Anläufe, die Burg als deutsches Nationaldenkmal wieder aufzubauen. Archäologen begannen auf der Bergkuppe zu graben. Doch von der ehemaligen Burgruine ist fast nichts mehr zu sehen. Hundert Jahre später, im Stauferjahr 1977, weiht man am Fuß des Hohenstaufen ein Dokumentationszentrum für staufische Geschichte ein.

Der Berg war schon zur Bronzezeit besiedelt. Die Burg ist über 1000 Jahre alt. Spuren verweisen auf die erste Hälfte des 8. Jahrhunderts. Als Friedrich von Staufen, wie er sich bald nennt, im Jahr 1070 hier mit der Errichtung einer neuen Burg beginnt, findet er eine einfache Befestigung vor. Und das Glück ist mit ihm. Friedrich setzt auf den richtigen Mann, den angeschlagenen König Heinrich IV., der sich mit einem Fürstenbündnis um Gegenkönig Rudolf von Rheinfelden herumärgern muss. Wie es dazu kam?

Heinrich war vom Papst gebannt worden. Die Fürsten stellten ihm ein Ultimatum, sich mit dem Papst auszusöhnen. Scheinbar unterwirft sich Heinrich IV. 1077 mit seinem Gang nach Canossa dem Papst, der ihn, nachdem er drei Tage im Schnee um Gnade gebettelt hat, schließlich vom Bann lösen muss, um nicht als unbarmherzig zu erscheinen. Heinrich IV. zieht gestärkt zurück nach Deutschland, entzieht dem Sohn des Gegenkönigs Berthold von Rheinfelden das Herzogtum Schwaben und verleiht es an Ostern 1079 seinem Verbündeten Friedrich von Staufen. Damit nicht genug. Seine siebenjährige Tochter Agnes verlobt er gleich mit dem neuen schwäbischen Herzog. So steht dem weiteren Aufstieg der Staufer nichts mehr im Weg. Die Burg auf dem Hohenstaufen wird zu ihrem Stammsitz.

Nach dem Untergang der Staufer geht die Burg zunächst an das Reich, dann an Württemberg. Im Bauernkrieg findet sie ein unrühmliches Ende. Gaildorfer und Schwäbisch Haller Bauern belagern sie. Die Besatzung lässt alle Geschütze zünden und entweicht im Pulverdampf.

Der Hohenstaufen heute und in einer Grafik von Andreas Kieser 1685.

Hohen Stauffen

1078

# Die Klosterburg

Hinter dicken Burgmauern mit Türmen und Wehrgängen liegt auf einem Umlaufberg hoch über dem Kochertal eine mächtige Kirchenfestung. Sie war einst Mittelpunkt einer bedeutenden Klosterherrschaft. Die *Großcomburg* liegt nur wenige Kilometer südlich der alten Reichsstadt Schwäbisch Hall.

Wer sie besuchen will, muss zuerst durch ein riesiges Tor. Hat er dieses durchschritten, blickt er auf Wehrmauern, romanische Kirchtürme und Kapellen auf beiden Seiten des Zuwegs hinauf zur mächtigen Kirche St. Nikolaus und St. Maria. Die 1088 geweihte romanische Basilika ist in der Barockzeit umgestaltet worden. Doch die spätromanischen Türme blieben erhalten. Auch das Altar-Frontale stammt aus romanischer Zeit. 1130 wurde es aus vergoldetem Kupferblech gestaltet, ebenso der mächtiger Radleuchter aus vergoldetem und versilbertem Kupfer mit einem Durchmesser von über 15 Metern. Er stellt das himmlische Jerusalem dar.

Einst saßen auf dem Berg die Grafen von Comburg-Rothenburg. Diese stifteten um 1078 ihre Burg zur Errichtung eines Klosters, in die einer der Grafen selbst als Mönch eintrat. Das Benediktinerkloster wurde bald reich und mächtig durch zahlreiche Schenkungen des umliegenden Adels. Die Schutzvogtei über das Kloster übten seit 1138 die Staufer aus. Im ausgehenden 15. Jahrhundert wandelte der Bischof von Würzburg, der damals die Vogtei innehatte, die Comburg in ein adliges Chorherrenstift um, das unter ihrem Probst Erasmus Neustetter, der 43 Jahre lang auf der Comburg das Sagen hatte, eine neue Blütezeit erlebte. Schon zu Lebzeiten, 24 Jahre vor seinem Tod, hat er sich selbst ein Denkmal gesetzt, ein Epitaph aus Sandstein im südlichen Seitenschiff, obwohl er sich dort gar nicht begraben ließ, sondern im Würzburger Dom. Eine Tafel daneben zählt in lateinischen Versen seine Verdienste auf – in der Ich-Form; ihm scheint es nicht an Selbstbewusstsein gemangelt zu haben:

*Türme gebaut hab ich zehn und Mauern neu aufgeführt. / Gulden hab ich gemehrt und Zinsen und Zehnten, / All das ist nur geschehen durch meine riesige Arbeit. / Aber da niemand geboren sich selbst zur Pflege und Ruhe, / Sondern zur Sorg für das Feld, das ihm von oben vertraut, / Hab meine Pflicht ich getan mit Eifer, wie's nur erlaubte / Meine wenige Kraft oder die schwierige Zeit. / Sterblicher, denk an den Tod, hab stets ein gutes Gewissen! / Alles andere vergeht, Tugend allein hat Bestand.*

1802 fiel die Comburg an das protestantische Württemberg. Das Stift wurde aufgehoben und hinter den Mauern ein Altersheim für dienstuntaugliche württembergische Soldaten eingerichtet. Heute ist auf der Comburg eine staatliche Akademie für Lehrerfortbildung untergebracht.

Die Comburg ist mit Mauern, Türmen und Wehrgängen versehen.

1081

# Die Wiege des Hauses Württemberg

Der Kupferstich von Eberhard Kieser aus dem Jahr 1624 stellt es bildlich dar: Burg Wirtemberg auf dem Rotenberg bei Stuttgart-Untertürkheim ist die Wiege des Hauses Württemberg. Sein Name leitet sich von ihr ab. Konrad I. von Beutelsbach hat sie 1081 erbaut und nannte sich künftig nach ihr.

Der merkwürdig klingende Name hat immer wieder zu Deutungsversuchen herausgefordert. So entstand zur Zeit der Romantik eine Sage: Ein beherzter Bursche aus dem Schwabenland soll sich einst in die Tochter Kaiser Barbarossas verliebt haben und mit ihr durchgebrannt sein. Sie kauften sich ein Grundstück beim Rotenberg und richteten dort eine Wirtschaft ein. Nach Jahren kehrte Barbarossa auf einer Reise beim *Wirt am Berg* ein. Er war guter Laune und unterhielt sich leutselig mit dem Wirt. Die Tochter nutzte die günstige Gelegenheit, gab sich zu erkennen, begrüßte ihn freudig und stellte ihm gleich seinen Enkel vor. Barbarossa verzieh seiner Tochter und dem Schwiegersohn, den er sogleich zum Grafen machte. Zum Andenken an diesen folgenreichen Tag nannte sich dieser fortan Graf *Wirt am Berg*, woraus der Name Württemberg entstand.

So unwahrscheinlich die schöne Geschichte klingt, ein Fünkchen Wahrheit liegt auch in ihr. Konrad I. gilt als Stammvater der Grafen, Herzöge und Könige von Württemberg. Mit den Saliern war er verwandt, und zwischen den Württembergern und den Staufern gab es ebenfalls über die Salier verwandtschaftliche Beziehungen. Doch als Erklärung des Geschlechternamens taugt die Sage nicht. Viel eher leitet sich der Name vom keltischen Wort *Virodunum* ab, wobei *viro* für Mann steht, *dunum* für Berg oder Burg. Das ostfränkische Verdun in Lothringen hieß im Mittelalter auf Deutsch *Wirten*, auf lateinisch *Virodunum*. Bis 1552 war Verdun Reichsstadt des Heiligen Römischen Reiches. Auf dem luxemburgischen *Widdebierg* hat man römische Inschriften gefunden, die auf eine Lokalgottheit *Veraudunus* hinweist. Die Namensähnlichkeiten legen nahe, dass auch die Bezeichnung *Württemberg* aus dieser Wurzel entstanden ist, zumal sich Konrad I. ursprünglich Cuonradus de *Wirdeberch* nannte.

Durch geschickte Heiratspolitik und Zukauf dehnte sich die Grafschaft Württemberg seit dem 13. Jahrhundert stetig aus, so kam 1251 Stuttgart von der Markgrafschaft Baden an Württemberg. Auf dem Reichstag von Worms 1495 verlieh der spätere Kaiser Maximilian Graf Eberhard von Württemberg die Herzogswürde. Die Reste der Stammburg Wirtemberg ließ König Wilhelm I. von Württemberg 1819 abreißen und für seine früh verstorbene Ehefrau, Königin Katharina, dort eine Grabkapelle errichten, in der auch er am 30. Juni 1864 beigesetzt wurde.

▲ Gemälde von Franz Xaver Odo Müller, vor 1819. ▼ Stich von Eberhard Kieser, 1624.

Schloß Würtenberg.

1102

# Grablege der Staufer

Mitten im Hauptschiff der Lorcher Klosterkirche, einer flach gedeckten Pfeilerbasilika aus romanischer Zeit, steht ein großer steinerner Sarkophag. Auf der schweren Deckplatte ist das staufische Wappen mit den drei Löwen zu sehen. Es wird von zwei Engelsfiguren gehalten. Darüber erhebt sich ein Adler. An den Außenseiten ist umlaufend ein Text eingemeißelt.

Er lautet: »Anno MCII wart diß closter gestift / Hie lit begraben herzog fridrich von swaben / Er und sin kind dieß closters stiffter sind / Sin Nachkimling ligent och hie by / Got in allen gnadig sy. / Gemacht im 1475 jar in gloriam deo.«

Ein unbekannter Göppinger Steinbildhauer hat das spätgotische Kunstwerk geschaffen, als Abt Nikolaus Schenk von Arberg die Gebeine aus den Staufergräbern im Mittelschiff der Kirche in diese Grabtumba umbetten ließ. Auf den acht Pfeilern des Kirchenschiffs neben dem Sarkophag zeigen Gemälde aus dem frühen 16. Jahrhundert die Stauferherrscher: Herzog Friedrich von Schwaben, der Stifter, Barbarossas Vater Friedrich der Einäugige, Barbarossa, Heinrich VI., Friedrich II., Konrad IV., Konradin, König Philipp von Schwaben und seine Frau Irene.

Liegen alle hier in diesem Sarkophag, wie es Umschrift und Gemälde glauben machen wollen? Wohl kaum: Herzog Friedrich der Einäugige ist in St. Walburg im Elsass begraben, Barbarossa wurde nach seinem Badeunfall im Flüsschen Saleph auf dem dritten Kreuzzug in Tyrus beigesetzt, Heinrich VI. und Friedrich II. liegen im Dom von Palermo. Philipp von Schwaben liegt in Bamberg begraben, wo er ermordet worden war. Aber seine Frau Irene, die Kaisertochter aus Byzanz? Hochschwanger war sie aus Bamberg auf den Hohenstaufen geflüchtet. Bei der Geburt starben Mutter und Tochter. In der Klosterkirche von Lorch wurden beide beigesetzt.

Im ehemaligen Kapitelsaal des Klosters kann man seit 2002, dem 900. Geburtstag des Klosters, ein dreißig Meter langes und viereinhalb Meter hohes Rundgemälde betrachten, das die staufische Geschichte in bunten Farben plastisch schildert; von 1102, als Herzog Friedrich das Kloster gestiftet hatte, bis zur tragischen Geschichte des letzten Staufers, Herzog Konrad IV. von Schwaben, genannt Konradin. Noch sehr jung machte er sich mit einem Ritterheer auf den Weg nach Italien, um sein sizilisches Erbe zurückzuholen, verlor die entscheidende Schlacht bei Tagliacozzo gegen seinen Rivalen Karl I. von Anjou, den Papst Clemens IV. mit dem Königreich Sizilien belehnt hatte. Konradin wurde nach der Schlacht aufgegriffen und 1268 in Neapel bei einer öffentlichen Hinrichtung samt einigen seiner Getreuen enthauptet, weil es der Papst so wollte. Er wurde 16 Jahre alt.

▲ Klosterkirche in einer Buchillustration von 1865. ▼ Spätgotischer Staufersarkophag in der Lorcher Klosterkirche.

**1112**

# Wo die Markgrafen von Baden herkommen

Ursprünglich saßen die Vorfahren der badischen Markgrafen auf der Limburg am Rande der Schwäbischen Alb. Dort herrschten sie über das Gebiet rund um die Teck. Dann zog es sie zum Oberrhein. Berthold II., dem Namen und der Ehre nach Herzog von Kärnten und Markgraf von Verona – ohne dass er dort die Herrschaft jemals ausüben konnte –, baute im Breisgau die Burg Zähringen und die Burg Freiburg, wohin er seinen Hauptsitz verlegte.

Sein Bruder Hermann I. blieb auf der Limburg, bevor er ein Jahr vor seinem Tod die Ordensgelübde ablegte und als Laienbruder ins Kloster Cluny eintrat. Der fromme Schwabe wurde später seliggesprochen. Sein Gedenktag ist der 25. April. Auch sein Sohn Hermann II. nannte sich zunächst noch Markgraf von Limburg, bevor er sich in seinen neuen Besitz nach Baden aufmachte und sich im Jahr 1112 erstmals *Markgraf von Baden* nannte. Kaiser Heinrich IV. hatte ihm Baden-Baden zugesprochen. Um das Jahr 1100 hat Markgraf Hermann II. von Baden auf dem Battert hoch über der Stadt, wo einst eine keltische Festung stand, mit dem Bau einer neuen Burg begonnen.

Damals lag das Herrschaftszentrum seiner Familie aber noch am mittleren Neckar um Besigheim, Backnang, Stuttgart und die Teck. In Backnang ist Markgraf Hermann von Baden auch begraben, in der Kirche des Augustiner Chorherrenstifts, das er zusammen mit seiner Frau Judith gegründet hatte. Auf seiner Grabplatte steht: »In dieser Tumba liegt Markgraf Hermann von Baden, der der Gründer dieses Klosters und Tempels war.«

Seine Nachfahren bemühten sich zunächst darum, das neue Herrschaftsgebiet am Oberrhein mit dem alten am Neckar zu verbinden. Doch die Markgrafen von Baden zogen es schließlich vor, ihre Besitzungen am Oberrhein weiter auszubauen und ihre ursprünglichen Gebiete am Neckar nach und nach abzustoßen: 1251 ging Stuttgart als Mitgift einer badischen Prinzessin an die Grafen von Württemberg, Backnang folgte 50 Jahre später. Besigheim verpfändeten sie an die Pfalz. Das Gebiet rund um die Teck wurde um 1300 von einer Seitenlinie aus Geldnot zur Hälfte an Habsburg und zur Hälfte an Württemberg verkauft.

Burg Hohenbaden bauten die Markgrafen in den kommenden Jahrhunderten aber immer weiter aus. Die zum Schloss umgebaute Burg soll schließlich über 100 Säle gehabt haben. Im 15. Jahrhundert zogen die Markgrafen dem Trend der Zeit entsprechend hinunter in die Stadt. Hohenbaden verfiel, und erst im 19.Jahrhundert begann man mit Erhaltungsmaßnahmen, damit die Ruine nicht völlig verschwände.

Blick in den Burghof von Hohenbaden.

1113

# Die Meersburg über dem Bodensee

Ist sie tatsächlich die älteste noch immer bewohnte Burg auf deutschem Boden? Angeblich stammt der Turm mit den Staffelgiebeln, das Wahrzeichen der Meersburg, aus dem 7. Jahrhundert. Der Merowingerkönig Dagobert habe ihn einst erbaut, und nach ihm ist er benannt.

König Dagobert soll sich tatsächlich um das Jahr 630 längere Zeit am Bodensee aufgehalten und sich um die Christianisierung der Alamannen bemüht haben. Sicher ist das aber nicht. Erstmals nachweisen lässt sich ein *Luitpolt de Merdesburch* in einer Urkunde aus dem Jahr 1113. Burgenexperten haben den Dagobertsturm und seine Bauweise untersucht und sind zu dem Ergebnis gekommen, dass er wohl ins 12. bis 13. Jahrhundert zu datieren ist. Doch die Vertreter der Dagobert-Theorie verweisen darauf, dass der heutige Bau auf eine Vorgängerburg aus dem 7. Jahrhundert zurückgeht. Beweisen können sie es nicht.

Erstmals erwähnt wird die Burg Mitte des 12. Jahrhunderts. Kaiser Friedrich II. hat sich im 13. Jahrhundert auf der Meersburg aufgehalten, ebenso sein Enkel Herzog Konrad von Schwaben, genannt Konradin, bevor er mit einem staufischen Ritterheer über die Alpen aufbrach, um sein Erbe zurückzuerobern.

Mitte des 13. Jahrhunderts gelangt Meersburg in den Besitz der Fürstbischöfe von Konstanz. Etwa zur gleichen Zeit wird die Siedlung um die Burg zur Stadt erhoben. 1334 bemühen sich gleich zwei Konstanzer Bischöfe um die Meersburg. Nikolaus von Frauenfeld, der Kandidat des Papstes, verschanzt sich auf der Meersburg. Albrecht von Hohenberg wird von Kaiser Ludwig IV. unterstützt. Der Kaiser lässt Meersburg wochenlang belagern – erfolglos, dann lässt er seinen Kandidaten fallen und fügt sich dem Papst.

Immer wieder suchen die Bischöfe von Konstanz auf der Meersburg Zuflucht, etwa wenn es Schwierigkeiten mit den Konstanzer Bürgern gibt. Zeitweise wird sie gar Hauptsitz der Konstanzer Bischöfe. Doch auch hier sind sie nicht immer in Sicherheit, wie eine Meersburger Sage erzählt: Einst hatten Meersburger Bürger bei einem Streit mit dem Bischof die Burg eingenommen. Doch den Bischof suchten sie vergeblich. Der war nämlich durch einen geheimen Gang hinunter zum See entwischt und mit dem Schiff nach Arbon geflüchtet.

Anfang des 18. Jahrhunderts beschließen die Bischöfe, neben der Burg ein neues Schloss zu bauen. In den folgenden Jahrzehnten beginnt die Burg zu verfallen, bis sie Freiherr Joseph von Laßberg 1838 vom badischen Staat kauft und in ihren Mauern seine umfangreiche Sammlung von Büchern, Urkunden und Kunstwerken unterbringt. Zahlreiche Gäste weilen damals auf der Meersburg, darunter die Brüder Grimm, Ludwig Uhland, Annette von Droste Hülshoff und Justinus Kerner.

Die Meersburg von Westen.

1120

# Die Gründung der Stadt Freiburg

Um 1091 beginnt der Zähringerherzog Berthold II. auf dem Freiburger Schlossberg eine Burg zu bauen. Eine Ortschaft mit dem Namen Freiburg gibt es allerdings noch gar nicht. Doch am Fuß des Schlossbergs lassen sich Handwerker nieder, außerdem Dienstleute Bertholds, die mit der Überwachung des Baus betraut sind. Erst sein Sohn Konrad I. macht aus der Siedlung eine Stadt und nennt sie Freiburg.

Der Name ist nicht zufällig gewählt. Er soll neue Bürger anziehen. Freiburg soll rasch wachsen, groß und wohlhabend werden. Konrad von Zähringen verspricht Freiheiten, Besitz und Schutz. In der Gründungsurkunde heißt es dazu: »Jedem Kaufmann, der sich hier niederlässt, wird ein Grundstück von 100 Fuß Länge und 50 Fuß Breite zum Bau eines Hauses zu eigen gegeben, von dem mir und meinen Nachfolgern jährlich bloß ein Schilling Zins gezahlt werden soll.« Konrad gewährt den Freiburgern auch politische Rechte: »Den Bürgern will ich keinen anderen Vogt noch Priester geben als den, welchen sie sich selbst wählen. Wenn ein Streit unter den Bürgern entsteht, soll nicht von mir noch von meinem Richter gerichtet werden, sondern nach Gewohnheit und Recht aller Kaufleute.« An weiterem Zuzug ist der Stadtgründer sehr interessiert: »Wer in die Stadt kommt, darf sich hier frei und unbehelligt niederlassen; wer aber über ein Jahr und einen Tag in der Stadt gewohnt hat, ohne dass irgendein Herr ihn als seinen Leibeigenen zurückgefordert hat, der genießt von da an sicher und unangefochten die Freiheit.« Volles Bürgerrecht bekommt aber nur, wer ein Mindestvermögen nachweisen kann. Doch an Kriegszügen müssen sich die Freiburger Bürger beteiligen. Wer nicht mitzieht, dem wird das Haus eingerissen. Auch an der Verteidigung der Stadt müssen die Freiburger mitwirken. Das wird genau festgelegt. Eine Wachordnung von 1406 sagt, dass vom Klötzlinstor bis zum Schwabentor die Gerber zuständig sind, vom Schwabentor bis zum Schneckentor die Wirte, weiter bis zum Peterstor die Schmiede und Tucher, bis zum Predigertor die Schuhmacher und Zimmerleute, bis zum Diebstor die Krämer und Brotbecken und so weiter.

Nach dem Aussterben der Zähringer übernehmen die Grafen von Urach die Herrschaft über Freiburg. Mit den Bürgern gibt es in dieser Zeit häufig Auseinandersetzungen, besonders wenn es ums Geld geht. Freiburg ist reich geworden. So machen sie den Uracher Grafen ein Angebot: Für 15 000 *Mark Silber* – die *Mark Silber* ist damals ein markierter Silberbarren – kaufen sie sich los. Doch ganz ohne fürstlichen Schutz wollen sie nicht auskommen. So unterstellen sie sich dem Haus Habsburg. Künftig ist Freiburg Zentrum der vorderösterreichischen Lande.

Freiburg vom Schlossberg aus gesehen.

1140

# Die Burg der treuen Weiber

Die Geschichte der Weibertreu ist im In- und Ausland bekannt geworden. Selbst in ein japanisches Schulbuch hat sie es geschafft. Sie diente als Motiv für Bildwerke, Gedichte und Dramen. Sogar eine Oper gibt es. Weniger bekannt ist, dass die Burg, vor der sich das Ereignis abgespielt hat, zu den ältesten und bedeutendsten des Landes gehört. Hier wurde Reichsgeschichte entschieden.

Erstmals erwähnt wurde die Weinsberger Burg 1037 im Öhringer Stiftungsbrief. Damals bewohnte sie Gräfin Adelheid von Metz. Sie stammte aus einer der vornehmsten Familien Lothringens und heiratete Heinrich von Worms, den Bruder von Papst Gregor V. Ihr beider Sohn Konrad wurde 1027 zum Kaiser gekrönt. Von Adelheid stammen die Salierkaiser ab.

Zusammen mit ihrem Sohn, Bischof Gebhard III. von Regensburg, stiftete sie 1037 das Öhringer Chorherrenstift. In der Krypta der Öhringer Stiftskirche liegt sie begraben. Die Weinsberger Burg war ihr Witwensitz.

Weinsberg war Reichsburg. Im staufisch-welfischen Erbstreit kam es 1140 vor Weinsberg zur entscheidenden Schlacht zwischen dem Stauferkönig Konrad III. und Welf VI., der Konrads Wahl zum König nicht anerkennen wollte und die Königswürde für sein Haus beanspruchte. Mitten im Winter belagerte Konrad die von den Welfen gehaltene Burg wochenlang. In seinem Lager gingen die Regierungsgeschäfte weiter. Konrad ließ mehrere Urkunden vor Weinsberg ausfertigen, z.B. für die Klöster Polirone in Oberitalien und Einsiedeln im heutigen Kanton Schwyz.

Als er von der Belagerung erfuhr, rückte Welf VI. in aller Eile heran. Wenige Kilometer westlich von Weinsberg trafen die Heere aufeinander, Konrad besiegte seinen Widersacher und setzte sich als König durch. Damit begann das staufische Jahrhundert. Nun musste auch die Burg kapitulieren. König Konrad bewies Milde und gewährte den Frauen freien Abzug. Was sie auf dem Rücken tragen könnten, dürften sie mitnehmen. Diese entschieden sich für ihre Männer. Der Mythos der Weinsberger Weibertreue war geboren. Vielleicht leitete sie auch praktischer Sachverstand? Zum Wiederaufbau der zerstörten Höfe brauchten sie die Arbeitskraft der Männer.

Den Dichter Ludwig Pfau beeindruckte das Verhalten König Konrads, der die Frauen schmunzelnd abziehen ließ, obwohl sie ihn ausgetrickst hatten. Im Jahr der niedergeworfenen Deutschen Revolution 1849 schrieb er: »Was dort ein deutscher Fürst getan, / Das ist ja wunderbarer: / Er hielt sein Wort dem Untertan, / Das ist, bei Gott, viel rarer.« Und in der letzten Strophe merkt er sarkastisch an: »Drum heiße *Fürstentreu* fortan / Die Burg den Pilgern allen – / Dann wird auch keiner Zweifel han, / Warum sie so verfallen.«

▲ Radierung von Lovis Corinth. ▼ Die Burg steht auf schmalem Plateau.

1147

# Ein Esel weist den Weg zum Kloster

An den Ausläufern des Strombergs nahe Pforzheim liegt das Zisterzienserkloster Maulbronn. Es ist eine der besterhaltenen Klosteranlagen in Deutschland und seit 1993 UNESCO-Welterbe. Vor fast 900 Jahren wurde es gegründet. Ein Esel soll dabei eine wichtige Rolle gespielt haben.

Es begann mit einer Stiftung des Ritters Walter von Lomersheim zur Gründung eines Klosters, in das er selbst als Laienbruder eintreten wollte. Aus Kloster Neuburg im Elsass kam ein Abt mit zwölf Mönchen, doch die Ländereien des Ritters erwiesen sich als wenig geeignet. So soll es an Wasser gefehlt haben. Acht Jahre später nahm sich der Bischof von Speyer der Sache an. Es sollte ein besserer Platz gefunden werden. Die Sage erzählt, dass die Mönche nun Gott entscheiden lassen wollten. Sie ließen einen Maulesel mit einem Sack voller Baugeld auf dem Rücken lostrotten und folgten ihm. Wo er stehen bliebe, sollte das Kloster errichtet werden. Bei einer Quelle mitten im Wald machte das Tier Rast. Der Platz wurde für gut befunden und nach dem Maulesel *Mulenbrunnen* genannt. Die Mönche pflegten die legendäre Überlieferung von der Gründung ihres Klosters durch einen Fingerzeig Gottes. Im Gewölbe des Brunnenhauses ließen sie ein Bildnis des Maulesels vor einem Brunnen anbringen und auf einem Flügelaltar die ganze Legende bildhaft darstellen.

Es könnte fast so gewesen sein. Jedenfalls schenkte der Speyrer Bischof Günther von Henneberg dem Kloster ein Bischofslehen in einem Waldtal an der Salzach. 1147 wurde es dorthin verlegt. Doch die Gründungssage geht weiter: Die Mönche begannen zu roden und zu bauen, als plötzlich Raubritter auftauchten, die ihnen verboten, den Bau fertigzustellen. Sie drohten damit, alles niederzureißen. Da trat ihnen ein Mönch listig entgegen: »Diese Mühe braucht ihr euch nicht machen. Wir geloben feierlich, das Kloster nicht fertigzubauen.« Die Männer gaben sich zufrieden und zogen ab. Die Mönche aber bauten weiter, als wäre nichts geschehen. Nur im Gewölbe eines der Seitenschiffe der Kirche ließen sie eine Lücke. Daneben mauerten sie einen Schlussstein mit einer Schwurhand ein. Bald tönte durch den Wald der helle Klang einer Glocke. Da ritten die Raubritter wutentbrannt zum Kloster und stellten die Mönche zur Rede. Diese zeigten ihnen das Loch in der Decke mit der Schwurhand daneben. Da lachten die Räuber über den Streich der Mönche und ließen diese fortan in Ruhe. Auch heute noch sieht man in einem Seitengewölbe das gähnende schwarze Loch in der Decke und daneben die Schwurhand. In kurzer Zeit wurde Kloster Maulbronn reich und mächtig. Keine zehn Jahre nach der zweiten Gründung nahm es Kaiser Friedrich Barbarossa unter seine Schirmvogtei.

Maulbronner Klosterfest mit Mönchen und Mauleseln.

CAFEHAUS

46. Graffen von Hockenloe
francken

1153

# Die Grafen von Hohenlohe

Sie gehören zu den ältesten Familien des Hochadels. Prinzessin Victoria Elisabeth zu Hohenlohe-Langenburg, die 20. Herzogin von Medinaceli (*1997), trägt die meisten Adelstitel der Welt. Es sind sage und schreibe 43. Die Hohenlohe-Schillingsfürst sind nebenbei auch Herzöge von Ratibor und Fürsten von Corvey.

Die später in den Fürstenstand erhobenen Grafen von Hohenlohe haben ihren Namen mit dem Phönixmythos in Verbindung gebracht, dem Feuervogel, der auf den ägyptischen Benu zurückgeht. Phönix oder Benu ist der Wiedergeborene, der am Ende seines Lebens verbrennt und sich aus seiner Asche zu neuem Leben erhebt. Entsprechend lautet der hohenlohische Wahlspruch: »Ex flammis orior«, zu Deutsch: »Aus Flammen erhebe ich mich.« Sogar einen eigenen Hausorden haben sie gestiftet, den Phönixorden, der nur an Angehörige des hohen Adels vergeben wurde, darunter König Ludwig XVIII. von Frankreich.

Dabei hat der Name *Hohenlohe* gar nichts mit einer *hohen Lohe* oder Flamme zu tun. Als seine Familie im 12. Jahrhundert den Hauptsitz von Weikersheim auf die Burg Hohlach bei Uffenheim verlegt hat, nennt sich Konrad von Weikersheim 1153 erstmals *Konrad von Hohenlach*. Burg Hohlach liegt an den Kaufmannsrouten zwischen Augsburg, Würzburg und Frankfurt, und die Herren auf der Burg profitieren vom Wegegeld, das die Kaufleute ihnen entrichten müssen, offiziell für den Schutz, den sie genießen, wenn sie durch ihr Land ziehen.

Die Hohenlohe werden Gefolgsleute der Staufer, die sie dafür mit der einen oder anderen Herrschaft belohnen. So erhält ein Konrad von Hohenlohe 1229 die Grafschaft Molise in den Abruzzen und nennt sich Graf von Romagna. Mit der Zeit gelingt es den Hohenlohe, zwischen Kocher, Tauber und Jagst ein geschlossenes Territorium zu errichten.

»Hohenlohe« ist bis heute ein fester Begriff für einen Landesteil von Baden-Württemberg, dessen Einwohner ein beachtliches Identitätsbewusstsein entwickelt haben, historisch, mentalitätsmäßig und mit einer eigenen Sprache. Ihr ostfränkischer Dialekt wird als *Hohenlohisch* bezeichnet.

Das Haus hält eisern zusammen, trotz vieler Haupt- und Nebenlinien wie: *Hohenlohe-Neuenstein, Hohenlohe-Waldenburg, Hohenlohe-Langenburg, Hohenlohe-Bartenstein, Hohenlohe-Schillingsfürst, Hohenlohe-Ingelfingen, Hohenlohe-Uffenheim, Hohenlohe-Öhringen, Hohenlohe-Brauneck*. 1450 werden die Hohenlohe in den Reichsgrafenstand erhoben, in der Mitte des 18. Jahrhunderts werden sie sogar Fürsten. Im Schloss Neuenstein ist das *Hohenlohe-Zentral-Archiv* untergebracht. Es ist eines der bedeutendsten privaten Adelsarchive, gehört den sechs Hauptlinien und befasst sich unter anderem mit Nachlässen und komplizierten Erbschaftsangelegenheiten.

Wappen der Grafen von Hohenlohe im Scheiblerschen Wappenbuch, um 1450.

1182

# Kaiser Barbarossa und die Stauferpfalz Wimpfen

Pfalzen waren Regierungssitze auf Zeit. Eine richtige Hauptstadt besaß das *Heilige Römische Reich* nicht. So zog der Kaiser von Pfalz zu Pfalz. Kaiser Barbarossa hat die Pfalz in Wimpfen gegründet. Daran besteht kein Zweifel. Als Datum wird häufig das Jahr 1182 angegeben. Doch die meisten Pfalzgebäude datieren Archäologen bereits auf Jahrzehnte früher.

Urkundlich nachweisbar ist Kaiser Barbarossa in Wimpfen zwar erst 1182, aber es gibt gute Gründe anzunehmen, dass er bereits 1154 und 1164 in Wimpfen weilte. Damals war die künftige Kaiserpfalz wohl noch eine Großbaustelle. Die Fundamente des Kaiserpalasts, 36 Meter lang und 16 Meter breit, werden auf die Zeit um 1150 datiert. Vermutlich bekam er, wie der etwa zeitgleich in der Pfalz Gelnhausen entstandene Palas, noch ein Obergeschoss mit einem riesigen Saal. Der massive Koloss des Roten Turms an der Ostspitze der Pfalz mit seinen drei Meter dicken Mauern wurde um 1170 begonnen, die Pfalzkapelle um 1160. Das Steinhaus mit seinem mächtigen Stufengiebel dagegen sowie der Blaue Turm, das Wahrzeichen der Stauferstadt, wurden nach 1217 errichtet. So kommt man auf eine Bauzeit von über sechzig Jahren. Mit einer Länge von 215 Metern und einer Breite von 88 Metern ist die Wimpfener Pfalz die größte staufische Pfalzanlage.

Nach Barbarossas Tod 1190 wurden die Bauarbeiten unterbrochen. Eine zweite Bauphase setzte unter Kaiser Friedrich II. und dessen Sohn, König Heinrich, um 1217 ein. Acht Mal hielt sich Friedrich II. nachweislich in der Wimpfener Pfalz auf, sein Sohn mindestens 14 Mal. Zuletzt an jenem denkwürdigen 2. Juli 1235, als er sich seinem Vater unterwerfen musste. Heinrich hatte die kaiserlichen Anweisungen nicht befolgt, sich gegen den Vater erhoben, und als dieser sein Kommen ankündigte, die Alpenpässe sperren lassen. Doch Friedrich II. zog in weitem Bogen von Italien über Friaul, die Steiermark, Regensburg und Nürnberg nach Wimpfen, um Heinrich gefangen zu nehmen und ihm das Königtum zu entziehen.

Nach dem Niedergang der Staufer residierten in Wimpfen weitere Könige und Kaiser wie Rudolf von Habsburg, Adolf von Nassau, Albrecht von Habsburg, Heinrich VII., Ludwig der Bayer und Friedrich der Schöne. Unter dem kaiserlichen Landvogt Konrad IV. von Weinsberg kam es zu einem verheerenden Brand, der dazu führte, dass die Pfalz im 14. Jahrhundert aufgegeben wurde. Der Palas und einer der Bergfriede wurden abgerissen, einzelne Gebäude gingen an die Stadt Wimpfen, die sich westlich davon ausdehnte, das Steinhaus an das Kloster Schöntal. Wimpfen, seit 1300 Reichsstadt, wuchs allmählich mit der ehemaligen Kaiserpfalz zusammen.

Palasarkaden, Steinhaus und Blauer Turm in der Stauferpfalz Wimpfen.

1183

# Kloster Bebenhausen

Das Zisterzienserkloster Bebenhausen war im Spätmittelalter das reichste Kloster Württembergs. Zahlreiche Schenkungen fielen ihm zu. Sein Güterbesitz reichte vom Zabergäu über den Schönbuch bis zur Schwäbischen Alb. Ackerbau, Viehzucht, Waldwirtschaft, Fischteiche und Weinbau bildeten die Grundlage des Reichtums, aber auch Handwerksbetriebe wie Lederverarbeitung, Ziegeleien und Schmieden.

Ursprünglich legten dabei die Mönche selbst Hand an, doch dann verpachteten sie die Güter und zogen dafür Zinsen ein. In Städten wie Ulm betrieben sie Klosterhöfe als Umschlagplätze für landwirtschaftliche und handwerkliche Produkte. Besonders einträglich war der Handel mit Wein.

Dabei erscheinen die Anfänge des Klosters recht bescheiden. Im 11. Jahrhundert gehört Bebenhausen dem Bischof von Speyer. Außerdem betreiben die Pfalzgrafen von Tübingen hier einen Herrenhof. Einer davon, Pfalzgraf Rudolf I., fasst um 1183 den Entschluss, für sein Seelenheil ein Kloster zu stiften. Er forderte für das Kloster zunächst Prämonstratenser aus Obermarchtal an. Doch die Prämonstratenser ziehen bereits um 1190 wieder ab, und Rudolf holt aus dem Kloster Schönau bei Heidelberg zwölf Zisterziensermönche. Die Zahl ist symbolisch zu sehen, und im Laufe der Zeit wuchs sie ständig an. Hundert Jahre später lebten im Bebenhäuser Kloster 80 Mönche und 130 Laienbrüder. Mitte des 14. Jahrhunderts ist Pfalzgraf Gottfried dem Kloster hoch verschuldet, verkauft ihm Güter und Rechte in Stadt und Umland von Tübingen, doch schließlich kann ihm auch sein reiches Kloster nicht mehr helfen. 1342 muss er Tübingen an Graf Ulrich von Württemberg verkaufen samt der Schutzherrschaft über das Kloster – mit zwei Ausnahmen: Das Jagdrecht im Schönbuch will er behalten, ebenso das Recht an Jagdhunden aus dem Kloster Bebenhausen. Ludwig Uhland hat darüber ein Gedicht verfasst, in dem es heißt:

*Ich Pfalzgraf Götz von Tübingen / Verkaufe Burg und Stadt /*
*Mit Leuten, Gülten, Feld und Wald, / Der Schulden bin ich satt. /*
*Zwei Rechte nur verkauf ich nicht, / Zwei Rechte, gut und alt: /*
*Im Kloster eins, mit schmuckem Turm, /*
*Und eins im grünen Wald. /*
*Am Kloster schenkten wir uns arm / Und bauten uns zugrund. /*
*Dafür der Abt mir füttern muss / Den Habicht und den Hund. /*
*Im Schönbuch um das Kloster her, / Da hab ich das Gejaid; /*
*Behalt ich das, so ist mir nicht / Um all mein andres leid.*

Kloster Bebenhausen mit Parlatorium aus der 1. Hälfte des 13. Jahrhunderts.

Um 1200

# Hartmann von Aue

Er zählt neben Wolfram von Eschenbach und Gottfried von Straßburg zu den bedeutendsten epischen Dichtern des hohen Mittelalters. Seine Erzählungen in Versform wie *Der arme Heinrich, Iwein, Erec* oder *Gregorius* überzeugten auch die Dichterkollegen. Sie sind einhellig voll des Lobs über seine Dichtkunst. So schwärmt Gottfried von Straßburg von seinen *kristallinin Wortelin.*

Woher er stammt, darüber rätseln die Germanisten noch heute. Einig sind sie sich darüber, dass er im Herzogtum Schwaben gelebt und gewirkt hat. Das verrät seine Sprache. Außerdem erwähnt ihn Heinrich von dem Türlin als *von der Swaben lande.* Gleich mehrere Orte beanspruchen ihn für sich: Au bei Ravensburg, Au bei Freiburg, Eglisau bei Zürich und Obernau bei Rottenburg. Letzteres kann im 12. Jahrhundert eine Adelsfamilie *von Ow* aufweisen, die sich auch *von Owen* nannte und als Ministerialen im Dienst der Zähringer standen.

In den Prologen seiner Versromane wie dem *Armen Heinrich* stellt er sich seinen Lesern so vor: *Ein ritter so geleret was, / daz er an den Buochen las, / Swaz er daran geschrieben vant: / Der was Hartmann genannt, / dienstmann was er zouwe.* Er beherrschte Latein und Französisch, kannte sich aus in Theologie, Rhetorik und Philosophie, sodass davon ausgegangen wird, dass er eine Domschule besucht hat. Seine Romane *Erec* und *Iwein* behandeln Stoffe aus dem Sagenkreis von König Artus, die er als Erster in deutscher Sprache verfasste. Dabei hat er sich an den französischen Vorlagen von Chrétien de Troyes orientiert. Auch zahlreiche Gedichte hat Hartmann von Aue verfasst: Minnelyrik und Gedichte über den dritten Kreuzzug, den er vermutlich selbst mitgemacht hat. Sie sind im *Codex Manesse*, der *Großen Heidelberger Liederhandschrift*, überliefert. Dabei nimmt er kein Blatt vor den Mund, wie folgende Verse zeigen, die an eine Dame gerichtet sind, mit der er offenbar schlechte Erfahrungen gemacht hat:

*Pfui über Eure Zunge, / Die alles Gute verschweigt /*
*Und nur das Übelste sagt, / Das Euer Herz sich ausdenken kann.*

Dem setzt er gegenüber:

*Es ist in Wahrheit allzeit gut, / wenn einer gern das Rechte tut, /*
*Soll man ihm danken, wie's ihm gebührt, / auf dass er nicht Liebe und Lust verliert.*

Bis in die Gegenwart wirkt Hartmann von Aue nach. Die Brüder Grimm haben 1815 den *Armen Heinrich* neu herausgegeben, Adelbert von Chamisso hat ihn 1839 literarisch bearbeitet, ebenso Ricarda Huch (1899) und Gerhart Hauptmann (1902), Karl Simrock brachte 1839 den *Gregorius* neu heraus, den Thomas Mann 1951 in seiner Novelle *Der Erwählte* aufgriff. 2008 erschien von Felicitas Hoppe das lesenswerte Kinderbuch *Iwein Löwenritter.*

Hartmann von Aue in der Großen Heidelberger Liederhandschrift.

her Hartman vō Owe: 

Um 1200

# Die Kapelle des Kreuzfahrers

Wo die Linzgauer Aach sich durch einen engen Tobel schlängelt, liegt ganz versteckt eine kleine Wallfahrtskapelle. Eine Holztafel mit eingeschnitzten Buchstaben berichtet folgende Legende: »Albero von Bodman. Nach glücklicher Flucht aus türkischer Gefangenschaft erbaute er hier, an diesem Ort, wo er seine Heimatburg zum ersten Mal wieder erblickte, getreu seinem Gelöbnis der Mutter Gottes eine Kirche und starb im Jahre 1217.«

Die Herren von Bodman gehören dem schwäbischen Adel an. Ihr erster bekannter Vertreter ist Eberhard von Bodman, der in einer Urkunde aus dem Jahr 1152 erwähnt wird. Die gesicherte Ahnenreihe der Herren von Bodman beginnt aber leider erst 1217 mit Konrad von Bodman, sodass sich der in der Legende erwähnte Kreuzfahrer nicht sicher einordnen lässt. Albero könnte der Vater des 1217 erwähnten Konrad gewesen sein, der sich an einem Kreuzzug beteiligt haben soll. Viele schwäbische Ritter zogen im Heer Barbarossas 1189 nach Kleinasien, wo der 68-jährige Kaiser beim Baden im Flüsschen Saleph ertrank. Mit den Resten des deutschen Heeres zog der englische König Richard Löwenherz Richtung Jerusalem, konnte die Stadt aber nicht einnehmen. Viele Kreuzritter fanden bei dem Unternehmen den Tod, andere kamen in türkische Gefangenschaft, was in der Regel die Versklavung bedeutete. Wenigen gelang die Flucht und die Heimkehr in die Heimat. Ob Albero von Bodman unter ihnen war, ist historisch nicht mehr zu belegen. Hohenbodman, nahe bei Maria im Stein, war der ursprüngliche Stammsitz. In staufischer Zeit verlegten die Herren von Bodman jedoch ihren Hauptsitz an den Überlinger See, wo sie heute noch residieren.

Die Wallfahrt nach Maria im Stein lässt sich in den Urkunden rund 500 Jahre zurückverfolgen. Sie zog Pilger aus dem weiten Umkreis an und war sehr beliebt. Als der badische Staat 1824 die Wallfahrt aufhob, gab es heftige Proteste. Dennoch wurde die Kirche abgerissen, und nur ein Steinkreuz und eine kleine Kapelle erinnern an die einstige Wallfahrt. Das Gnadenbild Mariens überführte man in die Kirche des nahen Dorfes Lippertsreute. Doch weiterhin fanden Wallfahrten nach Maria im Stein statt. Am Ende des Zweiten Weltkrieges, als die Franzosen vor dem Dorf standen, legte der damalige Dorfpfarrer das Gelübde ab, wenn die Bevölkerung verschont bliebe, würde er dafür sorgen, dass die Marienfigur zurückgebracht werde. So geschah es. Der Pfarrer verhandelte mit den Franzosen eine friedliche Übergabe, das Gnadenbild wurde zurückgebracht, und noch heute finden Wallfahrten nach Maria im Stein statt. In der Vorhalle zeugen zahlreiche Votivtafeln von der ungebrochenen Anziehungskraft des uralten Wallfahrtsortes.

Wallfahrtskapelle Maria im Stein.

Um 1220

# Der Minnesänger Burkhart von Hohenfels

Auf den Höhen von Sipplingen, 200 Meter über dem Überlinger See, liegt versteckt mitten im Bergwald die Burgruine Hohenfels. Dort lebte der Minnesänger Burkhart von Hohenfels, von dem 18 Minnelieder in der Großen Heidelberger Liederhandschrift überliefert sind. Die Schule in Sipplingen ist nach ihm benannt und eine Straße.

Einige wenige Schritte über der Burgruine, beim Haldenhof, dem ehemaligen Versorgungshof der Burg, steht eine uralte Linde, knorrig und verwachsen. Sie heißt *Burkhartslinde*, und der Volkssage nach soll Burkhart hier mit dem prächtigen Blick auf See und Alpengipfel seine Lieder gedichtet haben. An Selbstbewusstsein scheint es ihm nicht gemangelt zu haben, wie eines seiner Lieder beweist:

*Ich kann dichten ohnegleichen,*
*Ich kann jagen, schießen, schwimmen,*
*Ich kann alle Ritterschaft.*
*Sterne selbst kann ich erreichen;*
*Ich kann werfen, rennen, klimmen,*
*Ich besitze List und Kraft.*
*Doch ob Kühnheit lebt in mir?*
*Stets, wenn Sorg ins Herz mir dringet,*
*Wenn mich Müdigkeit bezwinget,*
*Wünsch ich auszuruhn bei ihr.*

1216 hält er sich am Hof Kaiser Friedrichs II. auf, ab 1222 mehrfach am Hof König Heinrichs. Er ist Zeitgenosse von Walter von der Vogelweide. Sein Stil gilt als anspruchsvoll mit »virtuoser Eleganz des Metrisch-Rhythmischen«, wie Volker Mertens hervorhebt, Professor für Ältere Deutsche Literatur und Sprache an der Freien Universität Berlin. Hugo von Hofmannsthal hat ein Lied von Burkhart von Hohenfels in sein Theaterstück *Jedermann* aufgenommen, das sich an mittelalterlichen Mysterienspielen orientiert.

Burg Hohenfels ist auf einem hohen Bergkegel erbaut. Der einst hoch aufragende Wohnturm hat eine Grundfläche von ca. zehn auf dreizehn Metern, mehrere Nebengebäude und war ursprünglich von einer Ringmauer umgeben. Bis zum Beginn des 19. Jahrhunderts war der Bergfried etwa noch zur Hälfte erhalten, heute sind nur noch wenige Mauerreste übrig geblieben. Die Steine wurden zum Bauen unten im Tal verwendet, einige sind sicher auch in die einstigen Weinbergmauern gesetzt worden. Weinberge gibt es heute in Sipplingen allerdings keine mehr. Der Wald reicht weit hinunter bis an den Ortsrand.

Gültigkeit behalten haben die Verse aus Burkharts Sommerlied: *Freier Sinn und froher Mut / Kommen aller Welt zugut.*

Burkhart von Hohenfels in der Großen Heidelberger Liederhandschrift.

her Burkart von Hohenuels.

HAILBRVNNA
NICER
FLV

Heÿlbronn.

1241

# Heilbronn wird zur Festung

Im Reichssteuerverzeichnis von 1241 ist Heilbronn von der Zahlung ausgenommen, mit dem Hinweis *propter edificium*, auf Deutsch: *wegen des Bauwerks*. Die Historiker glauben zu wissen, um was für ein Bauwerk es sich dabei handelt. Doch eine weitere Frage tut sich auf: Warum sollte die Stadt eine Steuer für das Reich entrichten?

Denn bis 1222 gehörte Heilbronn nicht dem Reich, sondern dem Bistum Würzburg. Dann musste der Bischof die Stadt dem Stauferkönig Heinrich abgeben. Drei Jahre später regelte das der Nordhäuser Vertrag zwischen dem Würzburger Bischof und Kaiser Friedrich II., dem Vater König Heinrichs. Heilbronn wird darin als *oppidum* bezeichnet, eine Bezeichnung, die auf eine Stadt mit Mauern und Gräben hinweist. Mit dem Übergang an das Reich, dem Heilbronn nun eigentlich steuerpflichtig ist, fällt vermutlich die Entscheidung, die Befestigung der Stadt auszubauen. Dafür hat der König für eine gewisse Zeit auf die Steuereinnahmen verzichtet.

Wie lange der Bau der Stadtmauer gedauert hat, weiß man nicht, doch wird in den folgenden Jahrhunderten die Stadtbefestigung immer weiter ausgebaut. Rund zweieinhalb Kilometer ist die Stadtmauer lang, verfügt im Endausbau über zehn Türme und umschließt das Stadtgebiet mit einer Fläche von etwa 750 auf 420 Metern. Mit dem 1333 erteilten Privileg Kaiser Ludwigs IV. bekommt die Stadt das Recht, den Neckar nach Belieben zu »wenden und kehren«. Heilbronn führt den Fluss an die westliche Stadtmauer heran und leitet das Flusswasser in ein Grabensystem rund um die Stadtmauer, was ihr zusätzlichen Schutz gibt. Zur Stadt gibt es nur drei Zugänge: Das Brückentor von Westen, das Sülmertor von Norden und das Fleiner Tor von Süden. Letztere sind mit Zugbrücken über die Wassergräben und mit Vorwerken geschützt, die Neckarbrücke später mit einem besonders ausgebauten Bollwerk.

Schiffe müssen beim Brückentor ihre Ware umladen, denn der Neckar wird gleich hinter der Hefenweilerinsel durch Stauwehre unterbrochen. Nicht nur die Heilbronner »Kärrner« bzw. Fuhrleute verdienen gut daran, sondern auch die städtischen Behörden durch die Abgaben, die sie erheben. Außerdem besitzt Heilbronn das Stapelrecht, d. h. die Kaufleute müssen ihre Ware vor dem Umladen zum Kauf anbieten. Davon können sie sich nur befreien, wenn sie eine zusätzliche Abgabe entrichten.

Erst Anfang des 19. Jahrhunderts beginnt man, die Stadtmauer abzureißen, denn Heilbronn wird größer und größer. Die Stadtmauer wird zu einem Hindernis für die Verkehrswege und ist nicht mehr zeitgemäß. Heilbronn ist nun eine aufstrebende Industriestadt im Königreich Württemberg.

▲ Stadtbefestigung 1617. ▼ Stadtbefestigung 1643 (Merian).

1247

# Der Sturmbock von Reutlingen und die Marienkirche

Ein dreißig Meter langer Rammbock ist neben der Reutlinger Marienkirche, beim Südturm, aufgestellt – eine Nachbildung des Originals. Was hat er mit der gotischen Kirche zu tun? Die Legende sagt, dass mit ihm für die Länge des Kirchenschiffs Maß genommen wurde. Wie es dazu kam, ist eine andere Geschichte.

Die Reutlinger hielten zu den Staufern, als Kaiser Friedrich II. mit Papst Innozenz IV. im Streit lag. Der Papst hatte den Kaiser abgesetzt und die deutschen Erzbischöfe aufgefordert, einen Gegenkönig zu wählen. So kam es zu erbitterten Auseinandersetzungen mit den Anhängern des Gegenkönigs. Auch nach dessen Tod gaben sie keine Ruhe. An Pfingsten 1247 rückten sie vor die Reichsstadt Reutlingen. Mit dem Rammbock wollten sie ein Loch in die Stadtmauer brechen. Doch die Belagerer mussten ohne Erfolg wieder abziehen, denn die Reutlinger wehrten sich tapfer und beteten zur Mutter Gottes. Nach dem Abzug der Feinde beschlossen sie, ihr zur Ehre eine Kapelle zu bauen. Daraus wurde schließlich die Reutlinger Hauptkirche, die Maria geweiht ist. Den Rammbock aber schleppten sie als Trophäe in die Stadt. Bis 1517 soll er in einem Seitenschiff der Marienkirche aufgehängt gewesen sein. In diesem Jahr besuchte Kaiser Maximilian Reutlingen. Ihm gefiel dieser Kirchenschmuck nicht, weshalb er anordnete, den Sturmbock zu entfernen. Das war aber nicht so einfach, denn inzwischen waren um die Kirche viele Häuser entstanden. So schlug man in den Chor der Kirche ein Loch und schob den Rammbock durch. Ganz wollten die Reutlinger auf ihre Trophäe aber nicht verzichten. Sie hängten ihn am Rathaus auf. 1726 verwüstete ein Brand die Innenstadt samt Rathaus und Sturmbock.

Die Treue der Reutlinger zu den Staufern sollte sich jedoch nicht auszahlen. Denn Konradin, der letzte Staufer, verpfändete 1262 ausgerechnet Graf Ulrich I. von Württemberg die Reichsvogtei über die Stadt und die Burg auf der Achalm. Damit begann eine jahrhundertelange Auseinandersetzung zwischen den Reutlingern, die ihre Reichsfreiheit verteidigen wollten, und den Württembergern, die Reutlingen gerne in ihre Macht gebracht hätten. 1377 kam es vor Reutlingen zur Schlacht. Nach hohen Verlusten mussten sich die Württemberger zurückziehen. 1519 überfiel der bereits vom Kaiser geächtete Herzog Ulrich abermals Reutlingen. Im Auftrag des Schwäbischen Bundes kam Georg Truchsess von Waldburg der Stadt zu Hilfe. Herzog Ulrich wurde verbannt, und Kaiser Karl V. unterstellte Württemberg seiner habsburgischen Hausmacht. Reutlingen aber konnte seinen Status als Reichsstadt bis in die Zeit Napoleons erfolgreich behaupten.

▲ Ansicht von Andreas Kieser, um 1685. ▼ Sturmbock vor der Marienkirche.

Reütlingen

Dilsberg
Vor dem Tor
P

1252

# Das Geheimnis der Bergfeste Dilsberg

Bienen als wirksame Waffe gegen Angreifer und ein geheimnisvoller unterirdischer Gang, der angeblich unter dem Neckar nach Neckarsteinach führt. Um die Bergfeste Dilsberg ranken sich Geschichten, die sogar Mark Twain beeindruckten.

Schon die Römer legten auf dem Dilsberg, einem Umlaufberg hoch über dem Neckartal bei Neckargemünd, einen Beobachtungsposten an. Die hochmittelalterliche Burg geht auf das 12. Jahrhundert zurück. Damals gehörte sie den Grafen von Lauffen. Nach ihnen kam der Dilsberg an die Herren von Dürn, die sich ab 1252 Grafen von Dilsberg nannten. Auf diese Zeit nimmt folgende Sage Bezug: *Als sich der Graf von Dilsberg mit seinem Gefolge auf einer Jagd im Odenwald befand, machten sich seine Feinde daran, die Burg zu erobern. Sie rückten an, und die Dilsberger Bauern zogen sich in die Burg zurück. Doch sie nahmen ihre Bienenstöcke mit. Als die Feinde versuchten, in die Burg einzudringen, schüttelten sie diese und ließen die wild gewordenen Bienen durch die Schießscharten auf die Belagerer los. Die Feinde suchten das Weite.*

Um das Jahr 1300 ging die Burg an die Kurpfalz. Die Burgsiedlung wurde 1347 zur Stadt erhoben und mit einer Mauer umgeben. Die Burg mit ihrer hohen Schildmauer hielt einigen Belagerungen stand, zerstört wurde sie nie. Erst als sie 1803 zu Baden kam, nahte ihr Ende. Der badische Staat gab sie nämlich zum Abbruch frei, der erst 1895 gestoppt werden konnte, um wenigstens die Ruine zu erhalten. Denn diese war für reisende Engländer und Amerikaner zu einem Anziehungspunkt geworden. So besuchte auch Mark Twain auf seiner Europareise 1878 den Dilsberg und schilderte als Hauptattraktion einen uralten Brunnen, den ihm die Dilsberger Kinder gezeigt hätten. Dieser müsse einen unterirdischen Ausgang haben, was sie ihm mit einem brennenden Bündel Stroh bewiesen, das nicht verqualmte, als man es hinunterwarf, sondern vollständig verbrannte. Das sei auf die Zuluft durch einen unterirdischen Gang zurückzuführen. Mark Twain nahm die Story in seine Reisebeschreibung auf. Die las ein reicher Amerikaner und beschloss, der Sache auf den Grund zu gehen. Er machte sich auf nach Europa, fuhr zum Dilsberg, ließ sich in den Brunnen abseilen und fand einen Stollen, der allerdings teilweise zugeschüttet und nicht mehr passierbar war.

Inzwischen ist das Rätsel gelöst. Tatsächlich stammt der Brunnen aus der Anfangszeit der Burg und war um 1150 angelegt worden, aber ursprünglich nur 21,50 Meter tief. Um 1660 hat man ihn vertieft und zur Belüftung einen 78 Meter langen Stollen seitwärts in den Berg getrieben, der unterhalb der Burg endet. 1926 räumte man den Schutt aus dem Stollen, und heute ist er zum Teil sogar begehbar.

▲ Stadttor. ▼ Ein unterirdischer Gang führt vom Burgbrunnen Richtung Neckarsteinach.

1259

# Familiendrama auf Burg Rötteln

Hoch über Lörrach erhebt sich auf einem Bergrücken eine mächtige Burgruine. Rund 300 Meter ist sie lang und gut 50 Meter breit. Wer genauer hinsieht, bemerkt, dass es sich eigentlich um zwei Burgen handelt, die über einen tiefen Graben mit einer Brücke verbunden sind.

Erstmals erwähnt wird die Burg in einer Urkunde der Habsburger Grafen im Jahr 1259. Sie hatten sie an die Edelfreien von Rötteln zu Lehen gegeben. Doch die Burg ist mindestens 50 Jahre älter. Historiker datieren den Bergfried auf das 12. Jahrhundert. Der Palas soll um 1200 entstanden sein. Die Herren von Rötteln hatten große Besitzungen im Breisgau und im südlichen Schwarzwald. Angehörige der Familie errangen hohe Ämter, wurden Domherren, Bischöfe von Konstanz und von Basel.

In der Volkssage hat sich ein weniger positives Bild der Familie von Rötteln überliefert. Die folgende Geschichte hat eine Tragik von Shakespeare'schem Ausmaß. In aller Kürze: Herr von Rötteln hatte seine Tochter schon in deren Kindheit dem Sohn seines besten Freundes, eines benachbarten Ritters, versprochen. Als die Kinder herangewachsen waren, verkleidete sich der junge Mann als fahrender Sänger, um seine Zukünftige zunächst inkognito aus der Nähe betrachten zu können, und klopfte an Burg Rötteln an. Die beiden fanden zueinander, ohne dass sein Geheimnis aufflog, aber als sie der Vater der künftigen Braut erwischte, kam es zu einem Handgemenge, bei dem der Vater den Sohn seines Freundes, ohne dessen wahre Identität zu erkennen, niederschlug. Die Tochter wollte ihren Vater noch zurückhalten, er drängte sie ab, sie stolperte und schlug mit dem Kopf auf dem Steinboden auf, neben ihrem Geliebten. Beide waren tot. Als der Freund des Röttelners davon erfuhr, schwor er Rache, belagerte die Burg wochenlang und konnte schließlich den jähzornigen Vater besiegen.

Eine andere Sage berichtet von einer Hofdame, die die Bauern während der Bauzeit der Burg ständig drangsalierte. Diese mussten die Burg in Fronarbeit errichten, Steine brechen und den steilen Berg hinaufschleppen. Das ging der Dame aber nicht schnell genug. Die Bauern stöhnten und verwünschten sie. So musste sie nach ihrem Tod auf der Burg als Weiße Frau umgehen.

Die beiden Teile der Burg werden *Oberburg* und *Unterburg* genannt. Die *Oberburg* ist die ältere und der eigentliche Herrensitz. Die *Unterburg* ist fast viermal so groß, diente als Vorburg und ist nicht viel jünger als die *Oberburg*, von der sie durch einen Halsgraben getrennt ist. Das Geschlecht der Herren von Rötteln starb 1316 im Mannesstamm aus. Ihr Besitz ging durch Vererbung an die Markgrafen von Hachberg-Sausenberg, kurz nach 1500 an die Markgrafen von Baden.

▲ Blick von der Unterburg zur Oberburg. ▼ Stich um 1643.

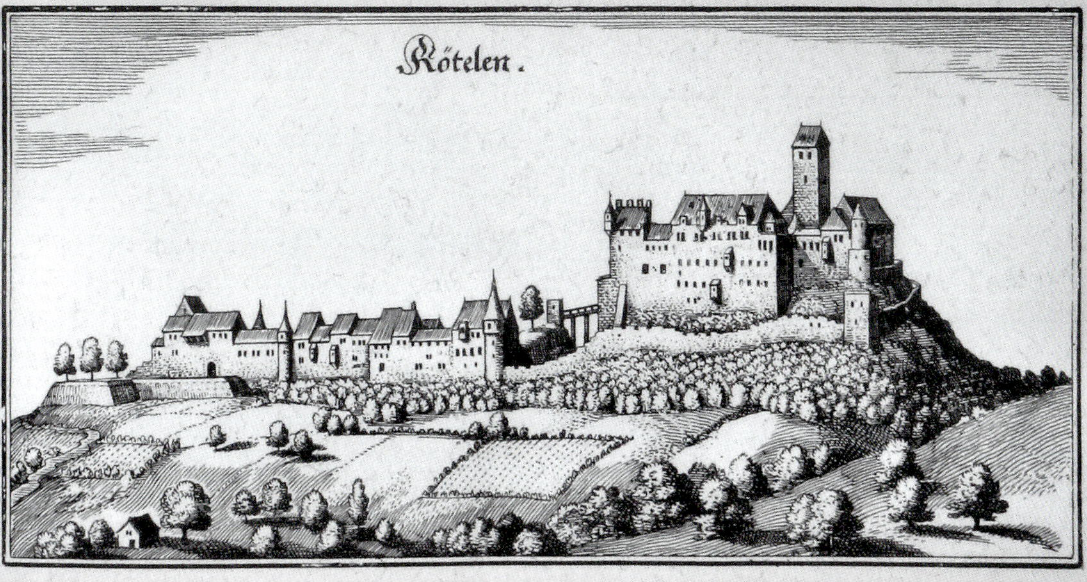
Rötelen.

1264

# Streit um Weinheim und Burg Windeck

Weinheim, unter den Westhängen des Odenwalds an der Bergstraße gelegen, kann auf eine uralte und bewegte Geschichte zurückblicken. Unter der Burg Windeck auf dem Schlossberg lagen einst zwei Städte direkt nebeneinander. Die eine gehörte dem Erzbischof von Mainz, die andere dem Pfalzgrafen.

Die ursprüngliche Stadt Weinheim erhält bereits im Jahr 1000 durch Kaiser Otto III. das Marktrecht, 1065 das Münzrecht. Die Stadt gehört zum mächtigen Reichskloster Lorsch, das zur Sicherung seines Einflusses und seines Besitzes über Weinheim um das Jahr 1130 Burg Windeck über der Ruine einer noch älteren Burg errichtet. Vogt des Klosters Lorsch und damit Herr auf Burg Windeck ist im 12. Jahrhundert Pfalzgraf Konrad von Staufen bzw. seine Dienstleute. Er ist ein Halbbruder Friedrich Barbarossas und residiert selbst seit 1182 auf Burg Heidelberg.

1232 verliert Kloster Lorsch seine Selbstständigkeit. Die Reichsabtei wird aufgelöst und dem Erzbistum Mainz übertragen. Damit beginnt ein jahrzehntelanger Streit, denn das Erzbistum beansprucht den Lorscher Besitz von Weinheim und Burg Windeck, den der Pfalzgraf – nun ein Wittelsbacher – nicht hergeben will. Aber der Erzbischof kann sich schließlich durchsetzen und bekommt die Stadt Weinheim zugesprochen. Doch der Pfalzgraf denkt nicht daran aufzugeben und gründet einfach neben der alten Stadt eine neue. So gibt es im 13. Jahrhundert zwei Weinheims: die *Altstadt* des Erzbischofs und die *Neustadt* des Pfalzgrafen. Burg Windeck wechselt dabei mehrfach die Besitzer, kam mal zu Mainz, mal zur Pfalz. Schließlich legt der *Hemsbacher Schiedsspruch* fest, dass neben der *Neustadt* auch die Burg Windeck pfälzisch bleibt, die *Altstadt* dagegen weiterhin mainzisch. Doch das Erzbistum wird auch mit dieser Lösung nicht glücklich und hat die ständigen Streitereien satt. Ein Gebietstausch beendet 1308 die unselige Geschichte, und die *Altstadt* geht ebenfalls an die Pfalz. Dennoch dauert es noch anderthalb Jahrhunderte, bis Weinheim wiedervereinigt wird. So lange leben beide Gemeinwesen mit gesonderten Verwaltungen nebeneinander her. Ohne noch mehr Verwirrung stiften zu wollen: Heute gilt die ehemalige *Neustadt* als Altstadt von Weinheim.

Die meisten Teile der Burgruine Windeck stammen aus dem 14. Jahrhundert: der runde Bergfried, dessen Hocheingang vom Wehrgang auf der Schildmauer zu erreichen ist, das Torhaus und der Palas. Der 28 Meter hohe Bergfried kann über 111 Stufen bestiegen werden und bietet eine weite Aussicht auf die einst geteilte Stadt Weinheim und die Hänge des Naturparks Neckartal-Odenwald.

Burg Windeck über Weinheim.

Um 1300

# Eine Burg aus Holz?

Etwa fünf Kilometer westlich des Federsees steht eine komplette Burg aus Holz – ein ungewohntes Bild, doch für das Mittelalter nicht untypisch. Damals gab es viele solcher Burgen des niederen Adels. Manche wurden später in Steinbauweise umgebaut. Von den Holzburgen blieben aber nur selten Überreste. So war es auch in Kanzach bei der dortigen Burg der *Bachritter*. Die hier von Archäologen rekonstruierte Anlage zeigt das Bild einer ganz anderen Burg!

Und das kam so: Anfang der 1970er-Jahre begannen bei Eschelbronn, südlich von Heidelberg, umfangreiche Grabungen auf dem Terrain der ehemaligen Wasserburg Eschelbronn. Die Archäologen bargen Funde von insgesamt neun Bauperioden. Im feuchten Boden hatten sich auch Hölzer der frühen Bauperioden gut erhalten. Diese konnten einerseits mittels Dendrochronologie ziemlich exakt datiert werden, andererseits vermittelten sie ein aufschlussreiches Bild der frühen Bauphasen.

Die Anfänge um 1200 waren sehr bescheiden. Auf einer Wiese stand ein Haus, ganz aus Holz gebaut, mit einem Zaun drum herum. Hundert Jahre später erhob sich dort auf einem Steinsockel ein mehrgeschossiger, etwa 12 Meter hoher Holzturm. Das Dach war mit gebrannten Ziegeln bedeckt. Wieder 100 Jahre später wurde aus der Holzburg eine Festung aus Stein, umgeben von einem Wassergraben. Die Wasserburg bestand bis ins 17. Jahrhundert. Dann verfiel sie allmählich. Der letzte Besitzer ließ sie abtragen, um in Eschelbronn ein Schloss zu bauen.

An Ort und Stelle konnte die Burg nicht rekonstruiert werden. Doch wollten die Archäologen die ursprüngliche Anlage der Holzburg um 1300 nach den einzigartigen Erkenntnissen der Grabung als Beispiel einer Burg des niederen Adels irgendwo wiedererstehen lassen. Sie suchten nach einem geeigneten Ort und wurden in Kanzach im Kreis Biberach fündig. Das Projekt konnte mit dem dort bestehenden ArchäoPark Federsee verbunden werden. So entstand in Kanzach eine typische mittelalterliche Holzburg – nach dem konkreten Vorbild und getreu der Grabungsergebnisse von Eschelbronn.

Die Baukosten von zwei Millionen Euro wurden zu 70 % aus EU-Mitteln finanziert, zu je 15 % von den Gemeinde Kanzach und dem Land Baden-Württemberg. Inzwischen ist die in den Jahren 2001 bis 2004 errichtete *Bachritterburg Kanzach* zu einem Tourismusmagnet geworden. In den Sommermonaten besuchen sie jährlich etwa 25 000 Menschen. Ein Freundeskreis hilft bei der Bewirtschaftung und bei Ausbesserungsarbeiten mit. Auf regelmäßig stattfindenden Aktionstagen führen mittelalterliche Handwerksdarsteller Techniken des Spinnens, Webens, Färbens oder Schmiedens nach Erkenntnissen der experimentellen Archäologie vor.

In der Kanzacher Bachritterburg finden regelmäßig Aktionstage statt.

14. Jahrhundert

# Schwäbisch-alemannische Fasnet in Überlingen

Kurz nach Dreikönig, zu Beginn der schwäbisch-alemannischen Fasnet, hört man in den Straßen von Überlingen wieder Peitschen knallen. Die *Hänsele* sind unterwegs. Schon die Kinder üben sich im Karbatschen-Schnellen. Bis zur eigentlichen Fasnet müssen sie mit der Karbatsche umgehen können. Doch der Überlinger Fasnetsbrauch des *Hänselejuck* hat einen todernsten Hintergrund.

Der *Hänselejuck* am Fastnachtssamstag bildet den Höhepunkt der Überlinger Fasnet. *Fleckle* in bunten Farben sind auf das schwarze *Fasnetshäs* des *Überlinger Hänsele* genäht. Über dem Gesicht trägt er eine schwarze Tuchmaske, auf dem Kopf eine Kappe mit Fuchsschwanz. Weiße Handschuhe, ein weißes Tuch, Glöckchen an den Hosenbeinen und die Karbatsche vervollständigen seine Ausstattung. An einem kurzen Stiel ist in einer Lederschlinge ein zopfig gefochtenes Seil von drei bis vier Metern Länge befestigt, das dünn ausläuft.

Der Umzug findet nachts statt, wenn die Altstadt mit bengalischem Feuer beleuchtet ist. Vom Hänselebrunnen im *Dorf* vor der Kernstadt geht der dämonisch wirkende Zug durch das Franziskanertor bis zur *Hofstatt*, wo der Narrenbaum aufgerichtet ist. Dort wird der Narrenmarsch zelebriert. Alles verläuft nach strengen Regeln. Darüber wacht die Überlinger Narrenzunft, die sich laut Satzung *um die Reinerhaltung und Weiterführung des Brauchtums der Überlinger Hänselefasnacht* kümmert.

Die schwäbisch-alemannische Fasnet lässt sich bis ins Mittelalter nachweisen. Die frühesten Figuren sind der *Wilde Mann*, Tierfiguren wie der *Hoorige Bär* aus Singen und verschiedene Teufel. Seit dem 14. Jahrhundert gibt es Umzüge, Fastnachtsspiele und Tänze. In Überlingen verbindet sich Fasnetsbrauchtum mit der Erinnerung an schlimme Zeiten. Im Mittelalter und in der frühen Neuzeit waren im *Blatterngraben* hochansteckende Seuchenkranke untergebracht. Der Graben gehört zu der aufwendig angelegten mittelalterlichen Verteidigungsanlage der Reichsstadt. Der Blatterngraben entstand im 14. Jahrhundert als Erweiterung der Wehranlage, die nun auch das *Dörfle* vor den Toren der Kernstadt einschloss. Die Zugänge zu diesem Grabenstück sind auf beiden Seiten mit Mauern und Toren versehen, mit denen die Ausgänge versperrt werden konnten, um die Kranken abzusondern und ein Ausgreifen der Seuche zu verhindern. In den senkrechten Sandsteinwänden des Grabens sind noch Pfostenlöcher der einfachen Hütten zu sehen, in denen die Kranken hausten. Wer ihnen Lebensmittel bringen musste, hielt sie durch Karbatschen von sich fern, um nicht selbst angesteckt zu werden. Daraus soll sich die Figur des *Überlinger Hänsele* entwickelt haben.

▲ Blatterngraben mit verschließbaren Zugängen. ▼ Hänsele mit Karbatschen.

1307

# Das Kind im Kessel

Unterhalb des Klosters auf dem Frauenberg, hoch über Bodman, findet sich mitten im Wald ein Gedenkstein. Auf seinen vier Seiten ist folgender Text eingegraben: »Schlossbrand 16. September 1307 / 10 Personen mitverbrannt / Fundort des ehernen Kessels / Joh. v. Bodman allein gerettet.«

Ein Gewitter braut sich über dem See zusammen. Ein Blitz schlägt in die Burg der Herren von Bodman ein, ein Brand bricht aus. Panisch schnappt sich die Amme des einjährigen Johann von Bodman das Kind, packt es mit Kissen in einen großen Kessel, bindet den Deckel fest zu und wirft ihn aus dem Fenster. Der Kessel poltert den Hang hinab, bis er nach etwa hundert Metern von Gesträuch aufgehalten wird. Für die Amme und Angehörige der Familie des Freiherren gibt es keine Rettung mehr. Als endlich Bauern aus dem Dorf unten am See eintreffen, ist die Burg ausgebrannt. Doch der Kessel wird gefunden, darin das Kind – unversehrt. Sieben Mitglieder der Familie von Bodman und drei Bedienstete kommen bei der Brandkatastrophe ums Leben. Der Kessel, der den Stammvater aller kommenden Generationen gerettet hat, ist noch heute im gräflichen Schloss in Bodman zu sehen.

Am Ort des Geschehens, auf dem *Frauenberg*, wo heute das Kloster steht, haben sich im 12. Jahrhundert auf einem Felsvorsprung, zweihundert Meter über dem Ort, die Herren von Bodman eine Burg gebaut. Sie sind mit dem Schutz des Königsgutes betraut, das auf die uralte karolingische Pfalz *Potamico* zurückgeht, die dem See und dem Bergrücken zwischen Überlinger See und Untersee den Namen gegeben hat. Aus *Lacus Potamicus* wird der heutige Name *Bodensee* abgeleitet. Im späten 13. Jahrhundert können die Freiherren von Bodman das Königsgut vom damaligen Herrscher des Heiligen Römischen Reiches, Rudolf von Habsburg, erwerben. Noch heute kann man erkennen, wo der Halsgraben der Burg auf dem *Frauenberg* den schmalen Zuweg von der Bergseite abgeschnitten hat. Nach der Brandkatastrophe bauen die Herren von Bodman die ursprüngliche Burg nicht wieder auf und entscheiden sich für die gegenüberliegenden Bergnase als Standtort ihres neuen Sitzes. An der Stelle der ausgebrannten Burg entsteht das Kloster, das der Freiherr aus Dankbarkeit für die Errettung seines Sohnes den Zisterziensern in Salem stiftet – dazu reichlich Landbesitz. Dafür verpflichten sich die Mönche, eine Gedächtniskapelle für die Opfer des Brandes zu bauen. Bereits zwei Jahre nach dem Unglück wird die Kapelle geweiht, und bald entwickelt sich eine Wallfahrt zu »Unserer lieben Frauen Berg«.

Als zu Beginn des 19. Jahrhunderts die Klöster verweltlicht werden, fällt der *Frauenberg* zunächst an das Königreich Württemberg, 1810 an das Großherzogtum Baden.

▲ Frauenberg über Bodman. ▼ An dieser Stelle wurde das Kind im Kessel gefunden.

Joh. v. Bodman
1 Jahr alt
allein gerettet

Altes Forstamt

1315

# Ein Narr als Ratgeber des Herzogs

Die Stockacher halten am *Schmutzigen Donnerstag* das Stockacher Narrengericht ab. Es geht auf den Hofnarren Hans Kuony zurück. Politiker von Rang und Namen mussten sich schon vor diesem Gericht verantworten. Ihnen droht eine Strafe von mehreren Eimern Wein.

Hat er wirklich gelebt oder ist er eine Sagenfigur? In den Akten des Stockacher Staatsarchivs lässt er sich nicht nachweisen. Erstmals erwähnt soll ihn 1337 Konrad von Ammenhausen aus Stein am Rhein haben. Einige Schweizer Chroniken aus dem 15. Jahrhundert, wie die Berner und die Spiezer Chronik, erzählen bei der Darstellung der Kriege des Hauses Habsburg gegen die im Entstehen begriffene Schweizer Eidgenossenschaft seine Geschichte: 1315 zog Herzog Leopold mit seinem Ritterheer in die Gegend von Zug. Dort beriet er sich mit seinen Vertrauten, wie man am besten Schwyz einnehmen könne. Sie schlugen ihm vor, entlang des Ägerisees, vorbei am Morgartenberg zu marschieren. Da wandte sich der Herzog an seinen Hofnarren, wie ihm denn dieser Rat gefiele. Dieser antwortete zu seinem Erstaunen: *Überhaupt nicht. Ihr überlegt, wie ihr in das Land Schwyz hineinkommt, aber keiner macht sich Gedanken darüber, wie ihr wieder rauskommt.* Alles lachte, doch bei Morgarten geriet das Heer in einen Hinterhalt. Die Schwyzer waren durch Botschaften, die ihre Nachbarn mit Pfeilen versandt hatten, gewarnt worden. Auf den Zetteln stand: »Hütet euch am Morgarten.« Die Schwyzer verbarrikadierten mit Baumstämmen einen Hohlweg und zogen sich auf die Berghänge zurück. Als die Reiter die Engstelle passierten, prasselten große Steine auf sie nieder. Die Pferde scheuten, die Schwyzer stürmten mit ihren Hellebarden den Abhang hinunter und bereiteten den Reitern auf ihren verstörten Pferden eine vernichtende Niederlage. Mit Müh und Not konnte sich Herzog Leopold retten. Nach der Schlacht gewährte er seinem Hofnarren einen Wunsch. Dieser bat, in seiner Heimatstadt Stockach jährlich ein Narrengericht abhalten zu dürfen. Seit dem 17. Jahrhundert berufen sich nun die Stockacher auf dieses Privileg und verweisen auf eine Urkunde, die im Innern einer Brunnensäule aufgetaucht sein soll. Dort steht, *dass ihme, Hans Kuene, und allen seinen nachkommenden Burger von Stockhach alle Jährl. in der Faßtnacht das Narren-Gericht vergunnet u. in Gnaden erteilt seye.*

Seitdem wird zu Beginn eines jeden *Hohen Grobgünstigen Narrengerichts* zu Stockach diese Urkunde verlesen, bevor die Angeklagten vorgeführt werden, meist Politiker, darunter Frank-Walter Steinmeier, Angela Merkel, Winfried Kretschmann oder Franz Josef Strauß, der seine Strafe ausnahmsweise in Bier begleichen durfte.

Hans-Kuony-Brunnen in Stockach.

Um 1330

# Das Blutwunder von Walldürn

Sie ist die größte eucharistische Wallfahrt Deutschlands. Pilger von nah und fern nehmen mehrtägige Fußmärsche auf sich, um das Blutkorporale in der Wallfahrtsbasilika St. Georg in Walldürn berühren zu dürfen. Denn Papst Urban hatte 1624 für die Wallfahrt einen vollständigen Ablass von Sündenstrafen gewährt.

Das Walldürner Blutwunder wird in einer Schrift des Walldürner Pfarrers Hoffius von 1589 überliefert. Danach geschah im Jahr 1330 dem Priester Heinrich Otto ein folgenreiches Missgeschick. Versehentlich stieß er den bereits geweihten Kelch mit dem zu Christi Blut gewandelten Wein um. Mit Entsetzen verfolgte er dann, was weiter geschah. Das vergossene Blut Christi zeichnete auf dem Altartuch das Bild des Gekreuzigten, um das sich elf weitere Häupter mit Dornenkrone gruppierten. Der Priester erschrak furchtbar, legte das Tuch sorgsam zusammen und versteckte es im Altar. Auf dem Sterbebett gestand er fünfzig Jahre später seinem Beichtvater, was damals passiert war, und beschrieb auch das Versteck. Das Tuch wurde gefunden, das Blutwunder überall bekannt, und die Wallfahrt nach *Dürn* setzte ein, das bald *Walldürn* genannt wurde.

Die Wunder-Darstellung auf dem Tuch ist längst verblichen und mit bloßem Auge nicht zu erkennen. Doch das Leinentuch erfreut sich nach wie vor großer Verehrung. Offiziell bestätigt hat die Wallfahrt der Würzburger Bischof Johann I. im Jahr 1408. Damals sei das Bildnis noch zu sehen gewesen. 1445 brachte man das Tuch nach Rom zu Papst Eugen IV., der davon sehr beeindruckt war und einen Ablass gewährte für Wallfahrten, die am achten Tag nach Fronleichnam zur Kirche in Walldürn stattfanden. Noch heute wird dieser Tag in Walldürn als *Großer Blutfeiertag* mit einer Prozession gefeiert. Um die 100 000 Pilger besuchen jährlich Walldürn zur jetzt vierwöchigen Hauptwallfahrtszeit. Es gibt inzwischen Sonderwallfahrten der Motorradfahrer, der Radfahrer, der Erstkommunikanten und einen speziellen Jugendwallfahrtstag. Die Liste der teilweise jahrhundertealten Gruppenwallfahrten umfasst über 100 Ortschaften. Seit rund 400 Jahren findet regelmäßig eine Fußwallfahrt von Köln-Porz durch den Westerwald, den Taunus und das Maintal hinauf über Miltenberg nach Walldürn statt. Fußpilger aus Fulda ziehen seit 300 Jahren zum Walldürner Heilig-Blut-Altar. Hinter diesem hat man inzwischen eine Treppe errichtet, über die Wallfahrer zum Blutkorporale gelangen können.

1950 wurde das Wundertuch genauer untersucht. Da man nichts mehr darauf erkennen konnte, bestrahlte man es mit ultraviolettem Licht. Tatsächlich erschien daraufhin das Bild des Gekreuzigten, allerdings ohne die in der Legende überlieferten umgebenden Häupter.

▲ Blutkorporale in der Wallfahrtskirche. ▼ Wallfahrer von Hoechst auf dem Weg nach Walldürn, Aquarell von Jakob Fürchtegott Dielmann, um 1845.

ANNO 1544

1336

# Die Reichssturmfahne von Markgröningen

Die Reichssturmfahne, die auf Karl den Großen zurückgehen soll, ziert heute die Stadtwappen von Markgröningen und Ludwigsburg, der Grüninger Reichsadler das Wappen des Landkreises Ludwigsburg. Bis 1918 war die Reichssturmfahne auch Bestandteil des Wappens des Königreichs Württemberg.

Die Fahne zeigt einen schwarzen Adler auf goldenem Grund mit einem roten *Schwenkel* – die Farben des Heiligen Römischen Reiches wie der Bundesrepublik Deutschland. Offiziell sind die Farben und der Adler als Hoheitszeichen seit dem 12. Jahrhundert bezeugt. Doch die Geschichte des *Reichsbanners* reicht noch viel weiter zurück.

In der zweiten Hälfte des 8. Jahrhunderts verlieh Kaiser Karl der Große das Recht, das Reichsheer anzuführen, seinem Schwager Gerold. Der hatte sich im Krieg gegen die Langobarden besonders hervorgetan. Karl der Große bestimmte, dass auch alle seine Nachfahren dieses Recht haben sollten. Da Gerold aus Alamannien stammte, hat man später die Sache so gedeutet, dass den Schwaben bzw. ihrem höchsten Repräsentanten dieses Recht zukäme. Verbunden mit dem *Vorstreitrecht* war die Verwahrung der Reichssturmfahne. Gekoppelt mit ihrem Besitz war von jeher die Grafschaft Grüningen mit Stadt und Burg. Dort wurde sie seit dem 13. Jahrhundert aufbewahrt. Aus dem Namen der Reichsstadt Grüningen ist in späteren Jahrhunderten die Bezeichnung Markt Grüningen, schließlich Markgröningen geworden. *Bannerträger* zu sein hieß, ein wichtiges Reichsamt innezuhaben. Der Bannerträger war der höchste Heerführer. So war das Amt recht begehrt. Im Jahr 1336 sprach Kaiser Ludwig IV., genannt *der Bayer*, Graf Ulrich III. von Württemberg die Reichssturmfahne mit den damit verbundenen Rechten und Pflichten als Erblehen zu. Als Kaiser Maximilian 1495 Württemberg zum Herzogtum erhob, erneuerte er das Erblehen. In der Urkunde heißt es: »sy sullent und haben auch Geheiß, dass sie den Sturmvanen besorgen und bewahren.« Voller Stolz nahm Herzog Eberhard I. in sein neues Wappen auch die Reichssturmfahne auf. Es zeigt neben ihr die drei Hirschstangen – das althergebrachte württembergische Wappen –, das Wappen der Herrschaft Teck und die beiden Fische als Wappen der Herrschaft Mömpelgard, dem heutigen Montbéliard, südwestlich der französischen Stadt Belfort. Als Herzog Eberhard Ludwig seine Residenz nach Ludwigsburg verlegte, ließ er die Reichssturmfahne in das neu errichtete Schloss bringen und machte sie gleich zum Stadtwappen der neu gegründeten Stadt Ludwigsburg. Etwas peinlich für die sonst so pflichtbewussten Württemberger: Heute gilt die Reichssturmfahne als verschollen.

▲ Die Reichssturmfahne in einer Buchillustration von 1334. ▼ Württembergisches Wappen am Pfarrhaus von Markgröningen, 1544.

1367

# Der Überfall im Wildbad

Graf Eberhard II. von Württemberg, genannt der *Greiner* – was so viel heißt wie der *Zänkische* –, weilte in Wildbad im Schwarzwald, um dort die heißen Quellen zu genießen. Doch statt eines Wellnessurlaubs erwartete ihn Übles. Eine Schar Ritter, die sich *Martinsvögel* nannten, schlossen das Wildbad im tief eingeschnittenen Enztal ein. Sie hatten es auf ihn ganz persönlich abgesehen.

Unter dem Namen *Martinsvögel* hatten sich Wilhelm und Wolf von Eberstein, der *Gleißende Wolf* von Wunnenstein, die Herren von Windeck und noch ein paar andere Ritter vereinigt, um den Württemberger gefangen zu nehmen. Hintergrund der Auseinandersetzung war, dass es Graf Eberhard von Württemberg auf Ländereien des Ebersteiners abgesehen hatte, da dieser seine Schulden nicht zahlen konnte. Doch Graf Eberhard wurde gewarnt. Ein ortskundiger Hirte führte ihn auf versteckten Pfaden aus dem Wildbad und dem engen Enztal hinaus, durch die Wildnis des Schwarzwalds, bis er auf Burg Zavelstein in Sicherheit war. Das Motiv, dass nämlich ausgerechnet einer der ärmsten Untertanen dem Grafen aus der Patsche geholfen hat, haben Dichter der Romantik gerne aufgegriffen. Ludwig Uhland reimte:

*In heißer Mittagsstunde, bergunter und bergauf! / Schon muss der Graf sich lehnen auf seines Schwerdtes Knauf. / Darob erbarmt's den Hirten des alten, hohen Herrn, / Er nimmt ihn auf den Rücken: »Ich thu's von Herzen gern.«*

Während des württembergischen Verfassungsstreits hat Justinus Kerner 1818 dieses Motiv ebenfalls bearbeitet. Er lässt einen Nachfahren des *Greiners*, Graf *Eberhard im Bart*, mit anderen Fürsten zu Worms im Kaisersaal tafeln. Die Fürsten rühmen ihrer Länder Reichtum, doch Graf *Eberhard im Bart* erinnert an die Geschichte, die sich einst in Wildbad zugetragen hatte: Sein Land besitze zwar nur kleine Städte, die Berge seien nicht *silberschwer.*

*Doch ein Kleinod hält's verborgen: / dass in Wäldern noch so groß / ich mein Haupt kann kühnlich legen / jedem Untertan in Schoß* – ohne befürchten zu müssen, dass er abgemurkst würde. Die Fürsten sprechen ihm den Preis zu: »*Graf im Bart, Ihr seid der Reichste, Euer Land trägt Edelstein.*«

Kerners Lied *Preisend mit viel schönen Reden* gilt bis heute als inoffizielle württembergische Landeshymne. Oft wurde sie missgedeutet als Verherrlichung absoluter Untertanentreue. Das Gegenteil ist der Fall. Justinus Kerner wollte während des Kampfes um eine württembergische Verfassung zeigen, worauf es eigentlich ankommt: nämlich auf ein gegenseitiges Vertrauensverhältnis von Volk und Regierenden. Martin Walser pries Kerners Lied, »weil da das Staatswesen gerühmt wird, das keine Gewalt provoziert«.

▲ Relief am Eberhardsbad in Bad Wildbad. ▼ Eberhardsgruppe im Stuttgarter Schlosspark.

Wie herb das Kuchen schmeckt, noch hatt er's nie vermerkt,
Viel lieber möcht' er fechten, das Bad hat ihn gestärkt.
Zu heißer Mittagsstunde bergunter und bergauf!
Schon muß der Graf sich lehnen auf seines Schwertes Knauf.

Genf
Venedig
Mailand
Niederlassungen
DIE
GROSSE RAVENSBURGER
HANDELSGESELLSCHAFT
Leinen
gewoben,
Papier
geschöpft
vom Land
geht
in alle Land.

Um 1380

# Die Große Ravensburger Handelsgesellschaft

*Liebe Freunde, seid auch sorgfältig mit dem Gütertransport auf der Straße und wo immer ein Zöllner ist. Thomas Steinhäusler hat eben jetzt, als er mit fünf Ballen Safran aus den Abruzzen herauskam, die Ware einem Bauern anvertraut und ist selbst eine andere Straße geritten. Der Bauer aber hat den Zoll zu Feldkirch umfahren, weshalb man uns die Ware beschlagnahmt hat. Wir mussten Herren und Freunde anrufen, um sie wiederzubekommen. Ohne Geld ging das nicht.*

So schrieb die Ravensburger Zentrale der Großen Handelsgesellschaft im März 1478 an ihre ausländischen Niederlassungen. Am Ende des Rundbriefs werden die Kaufleute ermahnt: *Sehet an allen Enden dahin, dass uns kein Schaden entsteht. Geht aufrichtig und redlich mit jedermann um, mit Gewicht, Maß und Zöllen, wie es auch unsere Altvorderen getan haben.*

Im 14. und 15. Jahrhundert war Ravensburg ein Zentrum des Fernhandels. Kaufleute der Bodenseeregion schlossen sich zusammen, um in großen Handelszügen wichtige Häfen in Italien, Spanien und den Niederlanden mit ihren Waren zu beliefern. Mehr als 100 Kaufmannsfamilien aus zehn Städten der Bodenseeregion gehörten ihr an. Ihren Sitz hatte sie in Ravensburg, genauer gesagt in der Marktstraße 61. Niederlassungen gab es beispielsweise in Barcelona, Valencia, Genua, Mailand, Venedig, Lyon, Antwerpen und Wien. Anfangs handelte sie vor allem mit Leinwand aus Oberschwaben, seit 1402 auch mit Papier aus heimischer Produktion, zunehmend aber auch mit Luxusgütern aus dem Orient und dem Mittelmeerraum für den mitteleuropäischen Markt.

Eine der begütertsten und einflussreichen Patrizierfamilien der Gesellschaft waren die Humpis aus Ravensburg. Sie stellten die meisten *Regierer* der Gesellschaft. Ihr Haus mitten in der Altstadt von Ravensburg ist erhalten geblieben und heute ein sehenswertes Museum zur Ravensburger Stadtgeschichte, in dem man auch in die Lebenswelt des Patriziers Hans Humpis, der hier um 1480 gelebt hat, eintauchen kann.

Im 15. Jahrhundert schlossen sich selbst die Fugger aus Augsburg den Handelszügen der Ravensburger Handelsgesellschaft an. Während die Fugger aber bald mit ihren Gewinnen ins Bankgeschäft einstiegen und zum größten Geldgeber des *Heiligen Römischen Reiches* wurden, ging es im 16. Jahrhundert mit der Ravensburger Handelsgesellschaft zu Ende. Grund waren Familienstreitigkeiten und die zunehmende Konkurrenz der Fugger und Welser aus Augsburg. 1530 fanden sich nicht mehr genügend Gesellschafter zusammen, um die Verträge zu verlängern.

Der Festzug beim Ravensburger Rutenfest erinnert an die Große Ravensburger Handelsgesellschaft.

1388

# Schlacht bei Döffingen

Es ist ein großer Sieg, den Graf Eberhard der *Greiner* von Württemberg am 23. August 1388 über den Schwäbischen Städtebund bei Döffingen erfochten hat. Die Reichsstädte sind auf Dauer geschwächt. Und doch kann er seines Triumphes nicht froh werden.

Den Reichsstädten fällt es zunehmend schwer, ihre Unabhängigkeit gegen die Landesfürsten zu verteidigen. Andererseits stört es Landesherren wie den Grafen von Württemberg, dass mitten in ihrem Territorium reichsfreie Städte sitzen und ihre eigene Politik machen. Am 4. Juli 1376 haben sich oberschwäbische Reichsstädte in Ulm zum *Schwäbischen Städtebund* zusammengeschlossen, denn allein fühlen sie sich der Bedrohung durch die Landesherren nicht mehr gewachsen. Ein Jahr später können sie sich in der Schlacht bei Reutlingen gegen die Württemberger behaupten, die von Graf Ulrich angeführt werden. Ulrich zieht sich geschlagen und verwundet auf die Achalm zurück und den Zorn seines Vaters auf sich. Nun drohen die Landesherren ins Hintertreffen zu geraten. Sie verbünden sich ebenfalls. *Löwenbund* nennen sie sich.

Es kommt zum Krieg. Augsburg und Ulm ziehen gegen Württemberg und rücken über Esslingen bis nach Weil der Stadt vor. Graf Eberhard II. hat sein Heer bei Leonberg aufgestellt, bei ihm ist sein Sohn, Graf Ulrich. Der brennt auf Vergeltung. Ludwig Uhland hat darüber eine Ballade gedichtet, in der es heißt:

*Sie steigen von den Gaulen, / Die Herrn vom Löwenbund,*
*Sie stürzen auf die Feinde, tun sich als Löwen kund.*
*Hei!, wie der Löwe Ulrich so grimmig tobt und würgt!*
*Er will die Schuld bezahlen, / er hat sein Wort verbürgt.*

Mit der Vorhut stürmt Ulrich gegen das städtische Heer, doch es kommt anders als gedacht. Wieder unterliegt er. Seine Ritter werden geschlagen, er selbst tödlich verwundet. Auch die Hauptarmee, von seinem Vater geführt, kann keinen raschen Sieg erringen. Im letzten Moment trifft der Herrenberger Vogt mit einer kleinen Truppe ein, fällt den Reichsstädten in den Rücken und löst dort Verwirrung aus. Die Schlacht ist entschieden. Kurz darauf unterliegen die rheinischen Städte Pfalzgraf Ruprecht bei Worms. Ein Jahr später kommt es zum Landfrieden in Eger, den der König vermittelt. Die Städtebünde müssen sich auflösen, doch es dauert nicht lange, bis wieder neue Städtebünde entstehen. Der Konflikt zwischen Städten und Territorialherren geht weiter. An der Stelle, an der Graf Ulrich fiel, hat man 1888 zu seinem 500. Todestag ein Denkmal errichtet, den Ulrichstein.

Ulrichstein bei Döffingen.

Zur
Erinnerung
an den hier am 23. Aug.
1388
gefallenen
Graf Ulrich.
1888.

1393

# Die Herren von Weinsberg und Burg Guttenberg

Einst wurden von Burg Guttenberg aus die Reichsfinanzen geregelt. Reichserbkämmerer Konrad IX. von Weinsberg war so etwas wie der Finanzminister des Kaisers. Doch seine Stellung brachte ihn finanziell gesehen in den Ruin. Am Ende verlor er sein Amt, die Herrschaft Weinsberg und Burg Guttenberg.

Auf einer Anhöhe über dem Neckartal zwischen Bad Wimpfen und Gundelsheim, gegenüber Schloss Horneck, liegt eine der schönsten Neckarburgen. Sie ist etwa 800 Jahre alt, unzerstört und bis heute ohne Unterbrechung bewohnt. Wer sie erbaut hat, ist nicht überliefert. Erstmals genannt wird sie in einer Urkunde des Mainzer Erzbischofs, Konrad II. von Weinsberg, am 1. Mai 1393. Die Herren von Weinsberg besaßen zu diesem Zeitpunkt die Burg schon längere Zeit. Vermutlich haben sie diese einst auch erbaut.

Der älteste Teil der Burg ist der Bergfried aus dem 13. Jahrhundert. Der letzte Besitzer aus ihrer Familie war Reichserbkämmerer Konrad IX., einst ein mächtiger Mann. Er führte einen großen Hof, mit vielen Dienern, Mägden, Knechten, Handwerkern, einem eigenen Kaplan und einem ganzen Stab von Schreibern. Auch einen *Hofzwerg* hielt er sich, den er mit dem bezeichnenden Namen *Hans Halbgewachsen* versah – zur Unterhaltung seiner Familie und seiner Gäste. Musikanten und der Meistersänger und Dichter Michael Beheim aus Sülzbach bei Weinsberg lebten ebenfalls an seinem Hof. Für die vielen Beamten und Schreiber ließ er außerhalb der Kernburg ein eigenes Kanzleigebäude errichten, das heutige *Brunnenhaus*.

König Albrecht betraute ihn mit den wichtigsten Reichsaufgaben und befahl all seinen Fürsten und Untertanen, dem Reichserbkämmerer Gehorsam zu leisten. Als Vertreter des Königs nahm er die Reichshuldigungen entgegen und ordnete das gesamte Finanzwesen: Steuern, Reichslehen, Renten und Zehnten. Dafür erwartete der König, dass er ihm die benötigten Finanzmittel vorstreckte – gegen Schuldverschreibungen, die Konrad dann allerdings selbst eintreiben sollte, was ihm häufig nicht gelang. Als König Albrecht starb, hatte sein Erbkämmerer Anspruch auf etwa 13 000 Gulden, die ihm der neue König und spätere Kaiser Friedrich III. aber nicht zurückzahlen wollte. Konrad IX. war pleite. Kaiser Friedrich III. verzichtete fortan auf seine Dienste. Nach Konrads Tod verkaufte der Bischof von Würzburg als Vormund seiner Söhne sowohl die Herrschaft Weinsberg als auch die Burg Guttenberg.

Guttenberg ging 1449 für 6000 Rheinische Gulden an Hans von Gemmingen, den man den *Reichen* nannte. Seitdem ist die Burg im Besitz von dessen Nachkommen.

▲ Burg Guttenberg wurde nie zerstört. ▼ Nagelschmied beim Aktionstag auf Burg Guttenberg.

1397

# Schwörmontag in Ulm

Es ist ein richtiges Volksfest, wenn der Ulmer Oberbürgermeister am Schwörmontag unter Glockengeläut vom Balkon des Schwörhauses den historischen Eid auf den Großen Schwörbrief ablegt, »Reichen und Armen ein gemeiner Mann zu sein in allen gleichen, gemeinsamen und redlichen Dingen ohne allen Vorbehalt«.

Längst haben der *Schwörmontag* und der *Schwörbrief* ihre juristische und politische Bedeutung verloren, denn beide bezogen sich auf die Verfassung des souveränen Staatswesens, das Ulm bis zum Ende der Reichsstadtzeit 1802 war. Dann kam Ulm zunächst zu Bayern, schließlich zu Württemberg, und die neuen Herrscher verboten solche demokratieverdächtigen Traditionen. Nach dem Zweiten Weltkrieg erinnerte man sich an die reichsstädtische Tradition und gab ihr einen neuen, demokratischen Hintergrund. So wendet sich der Ulmer OB seit 1947 jährlich am vorletzten Montag im Juli an die Ulmer, gibt eine Art Rechenschaftsbericht über das vergangene Jahr ab, stellt kommunalpolitische Pläne für das kommende Jahr vor und verspricht Gerechtigkeit für jedermann. Anschließend findet das *Nabada* statt, was auf Hochdeutsch so viel heißt wie »Hinunterbaden«. Es ist eine Mordsgaudi, wenn die Ulmer auf selbst gebastelten Booten eine Art Faschingsumzug auf der Donau veranstalten. Das Spektakel zieht jährlich zigtausend Besucher an.

Ursprünglich war der Schwörmontag eine hochpolitische Angelegenheit. Seine Einführung geht zurück auf das ausgehende 14. Jahrhundert. Bis dahin hatten die Patrizier, der Stadtadel, die Vorherrschaft, was die Zünfte der Handwerker nicht mehr dulden wollten. Ulm war nach Nürnberg die zweitgrößte Reichsstadt und herrschte über 55 Dörfer und drei Städte, die zu seinem Territorium gehörten. Damals war der Spruch geläufig: *Venediger Macht, Augsburger Pracht, Nürnberger Witz, Straßburger Geschütz und Ulmer Geld regieren die Welt.* Ulms Reichtum basierte auf dem *Barchent*, Tuch aus einem Mischgewebe von Leinen und Baumwolle, das aufgrund seiner besiegelten Qualität in ganz Europa begehrt war.

In den 1390er-Jahren brachen bürgerkriegsähnliche Unruhen um die Macht im Staate Ulm aus, und 1397 handelten die Zünfte mit den Patriziern den *Großen Schwörbrief* aus, der den Zünften nun 30, den Patriziern nur noch 10 Ratssitze zusprach. Alle im Rat hatten gleiches Stimmrecht. Damals wurde auch festgelegt, dass der Bürgermeister den Einwohnern regelmäßig Rechenschaft ablegen und schwören musste, alle Bürger gleich und gerecht zu behandeln – und zwar am *Schwörmontag*, der seither Ulmer Feiertag ist. Auch die Bürgerschaft musste an diesem Tag einen Treueschwur ablegen, sodass die Stadtverfassung jährlich durch diese Zeremonie erneuert wurde.

▲ Ulm in der Schedelschen Weltchronik von 1493. ▼ Vom Balkon des Schwörhauses leistet der Ulmer OB den jährlichen Eid.

VLMA

Rüprecht König deß Römische̅ reich
An würden hoch waß hart sein gleich
Vonn Nüremberg ein Bürgkgreüin
Waß sein vermelte Königin

1400

# Ruprecht von der Pfalz wird König des Reiches

Am 20. August des Jahres 1400 trafen sich in Oberlahnstein vier der sieben Kurfürsten, darunter Pfalzgraf Ruprecht, um den König abzusetzen. Einen Tag später wählten sie Ruprecht zum König des *Heiligen Römischen Reiches*. Was war geschehen?

Nach dem Tod Kaiser Karls IV. wurde dessen ältester Sohn Wenzel sein Nachfolger. Schon zwei Jahre zuvor hatten ihn die Kurfürsten zum römisch-deutschen König gewählt. Er war bereits König von Böhmen und herrschte dort mit recht despotischen Methoden. Gerne machte er von seiner Reitpeitsche Gebrauch, wenn jemand anderer Meinung war, auf unliebsame Höflinge hetzte er seine Jagdhunde, und einen Priester ließ er in der Moldau ertränken, weil er ihm nicht die Beichtgeheimnisse seiner Frau verraten wollte. Auch in seiner Funktion als König des Reiches machte er sich keine Freunde. Er legte sich mit dem Süddeutschen Städtebund an und ließ ihn schließlich auflösen. Zum Eklat aber kam es in Böhmen, wo sich der Adel gegen ihn erhob und ihn zeitweise gefangen setzte. Zwar kam er wieder frei, musste aber einen Teil seiner Macht an seinen Bruder, König Sigismund von Ungarn, abgeben. Die deutschen Kurfürsten bezeichneten ihn bei der Absetzung als *unnützen, trägen, unachtsamen Entzweier und unwürdigen Inhaber des Heiligen Römischen Reiches.* Wenzel scherte sich nicht darum und beanspruchte bis zu seinem Tod 1419 den Königstitel für das Reich.

Ruprecht von der Pfalz aus dem Hause Wittelsbach gelang es, auch die Zustimmung des Papstes zum Regierungswechsel zu erreichen, doch im Reich hatte er auch Gegner. 1405 schlossen sich 17 Reichsstädte, die Markgrafen von Baden, die Grafen von Württemberg und das Erzbistum Mainz zum *Marbacher Bund* gegen ihn zusammen. Ruprecht konzentrierte seine Aktionen auf die Stärkung seiner Hausmacht, der Kurpfalz, und baute Heidelberg als repräsentativen Mittelpunkt aus. Heidelberg sollte den Charakter einer Hauptstadt des Reiches bekommen. Er ließ die Heiliggeistkirche bauen, förderte die 1386 von seinem Vater gegründete Heidelberger Universität – nach Prag und Wien die dritte Universitätsgründung im Reich. Das Stadtgebiet von Heidelberg ließ er großzügig erweitern. Das Heidelberger Schloss wollte er zum Königsschloss ausbauen. Aus seiner Regierungszeit stammen die ältesten heute sichtbaren Gebäude.

Bereits zehn Jahre nach seiner Königswahl plante der Erzbischof von Mainz schon wieder seine Absetzung. Doch Ruprecht kam ihm zuvor – durch seinen Tod am 18. Mai 1410. König Wenzel von Böhmen überlebte ihn um neun Jahre. Dessen Bruder Sigismund, König von Ungarn und Kroatien und Kurfürst von Brandenburg, setzte sich als Nachfolger auf dem Thron des *Heiligen Römischen Reiches* durch.

Ölgemälde um 1600 nach einer Vorlage aus dem 15. Jahrhundert.

1415

# Jan Hus wird in Konstanz verbrannt

Jan Hus, scharfer Kritiker der katholischen Amtskirche, gewinnt trotz Verfolgung in Böhmen immer mehr Anhänger. 1414 soll er seine Lehre vor dem Konstanzer Konzil vortragen. König Sigismund verspricht ihm freies Geleit. Hus predigt ein paar Wochen in Konstanz, dann wird er verhaftet und eingekerkert.

Als Theologe in Prag hat er eine steile Karriere hingelegt: 1398 beginnt er an der Karls-Universität ein Theologiestudium, 1400 empfängt er die Priesterweihe, 1401 ist er Dekan der philosophischen Fakultät, in den Jahren 1409 und 1410 gar Rektor. Hus predigt in tschechischer Sprache, die tschechischsprachigen Prager sind begeistert. Er fordert eine umfassende Kirchenreform, vertritt Lehren des englischen Theologen John Wycliff, wonach Gott allein durch seine Gnade kirchliche und weltliche Macht verleiht. Einen eigenen Machtanspruch des Papstes lehnt er ab. 1411 wird Hus exkommuniziert und der Stadt verwiesen – Hus zieht als Wanderprediger durchs Land und sammelt immer mehr Anhänger. Unruhen brechen aus, und Hus wird für Kirche und weltliche Obrigkeit immer mehr zum Problem.

In Konstanz beginnt 1414 ein Konzil. Eigentlich will man die Einheit der Kirche wieder herstellen und das Schisma beenden. Aber auch der Konflikt mit Hus soll gelöst werden. König Sigismund lädt ihn nach Konstanz ein, sichert ihm freies Geleit zu. Hus sieht darin die Chance, seine Lehre vor einem großen Publikum vortragen zu können. Drei Wochen predigt er in Konstanz, dann wird er verhaftet. Sigismund ist wütend, dass man seine Geleitzusicherung nicht beachtet hat, aber er schreitet nicht ein. Hus wird von einem Gefängnis zum anderen geschleppt, verhört, er soll endlich widerrufen. Schließlich lädt man ihn vor die Konzilsversammlung.

Am 6. Juli 1415 wird er im Konstanzer Münster als Ketzer zum Tod durch das Feuer verurteilt. König Sigismund ist dabei und stimmt ebenfalls dafür. Vom Münster führt man ihn über den Obermarkt zum Stadttor Richtung Gottlieben und zum Schindanger. Man setzt ihm eine Schandkrone auf. Darauf sind Teufel zu sehen, die seine Seele festhalten, dazu die Schrift: *Dieser ist ein Erzketzer*. Auf dem Scheiterhaufen weigert er sich ein letztes Mal zu widerrufen. Die Asche streut man in den Rhein. In seinem Abschiedsbrief ist zu lesen: »Das aber erfüllt mich mit Freude, dass sie meine Bücher doch haben lesen müssen, worin ihre Bosheit geoffenbart wird. Ich weiß auch, dass sie meine Schriften fleißiger gelesen haben als die Heilige Schrift, weil sie in ihnen Irrlehren zu finden wünschten.«

Seit 1863 erinnert ein Gedenkstein an der Kreuzung der Straßen *Zum Anger* und *Zum Hussenstein* an den Ort der Hinrichtung.

▲ Konzilssitzung im Konstanzer Münster, Chronik des Ulrich von Richental um 1420.
▼ Jan Hus auf dem Scheiterhaufen, Spiezer Chronik, 1485.

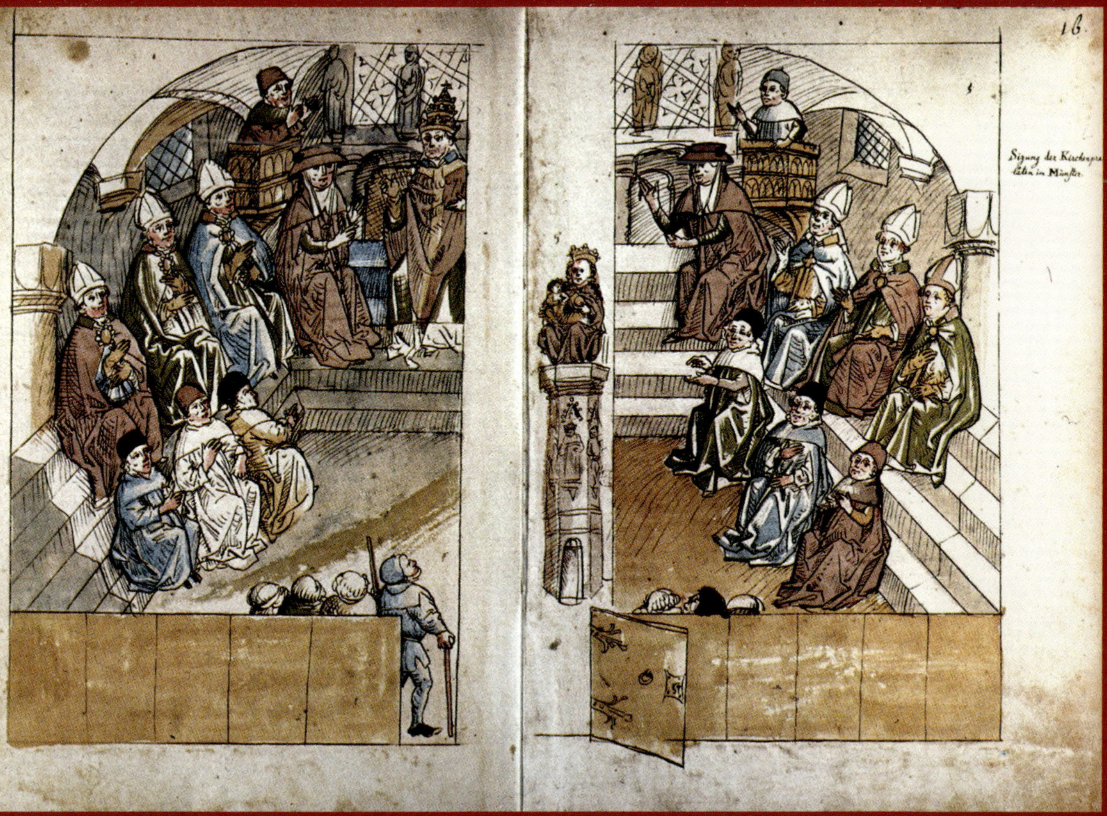
16

Vom meister hussen dem ketzer dz
der zu Costentz verbrent wart
In den ziten und vorhin bi langen Jaren was ze
Bechein in dem lande und sunderlich ze prag
ungloub und groß ketzerie erwachsen

Pfaltz

1452

# Mechthild von der Pfalz oder: Mechthild von der Pfalz und die Universitäten

Mathilde wird die Prinzessin genannt, die 1419 im Heidelberger Schloss das Licht der Welt erblickt. Ihr Vater ist Kurfürst Ludwig III. von der Pfalz, ein Wittelsbacher, ihre Mutter Gräfin Mathilda von Savoyen-Achaja, von der sie den Namen bekommt. *Mechthild*, eine Version des Namens, bedeutet *starke Kämpferin*, und tatsächlich hat sie in ihrem Leben manches bewegt.

Im Alter von acht Monaten verloben sie ihre Eltern mit dem damals siebenjährigen Grafen Ludwig I. von Württemberg. Mechthild wächst in Heidelberg auf, wo ihr Urgroßvater Ruprecht II. 1386 die Universität gegründet hat. Mit 17 Jahren heiratet sie den 24-jährigen württembergischen Grafen Ludwig in Stuttgart. Fünf Jahre später wird Württemberg zwischen Ludwig und seinem jüngeren Bruder Graf Ulrich geteilt, und Mechthild zieht mit ihrem Mann nach Urach, das nun Residenz des südlichen Landesteils wird. Sie haben fünf Kinder, darunter Eberhard, der später der erste württembergische Herzog wird.

Graf Ludwig von Württemberg-Urach stirbt 1450 an der Pest. Da ist Mechthild 31 Jahre alt und hat vier Kinder zwischen drei und dreizehn Jahren zu versorgen. Sie zieht in den ihr laut Ehevertrag zustehenden Witwensitz in Böblingen. Dazu gehören auch die Städte Sindelfingen und Dagersheim sowie mehrere Dörfer, über die sie nun herrscht.

Als Schwester des Kurfürsten Friedrich I. von der Pfalz, genannt der *Siegreiche*, ist sie immer noch eine gute Partie, und so wirbt Erzherzog Albrecht VI. von Österreich um sie, der Bruder Kaiser Friedrichs III. Beide sind ungefähr gleich alt. Am 10. August 1452 findet in Böblingen die *Fürstenhochzeit* statt, ein prachtvolles Fest. Mechthild behält ihr Böblinger Witwengut, das sie immer wieder besucht. Ihren Mann bewegt sie dazu, im vorderösterreichischen Freiburg eine Universität zu gründen. Das älteste Zepter der Universität – die seinen Namen trägt – weist neben dem österreichischen auch das pfälzische Wappen auf, ein Hinweis auf Mechthilds Initiative.

Albrecht stirbt 1463 – mit 44 Jahren. Die Todesumstände sind bis heute rätselhaft geblieben. Es ist ein »plötzlicher« Tod, der seinem Bruder, dem Kaiser, recht gelegen kommt, denn Albrecht war sein Rivale und Gegner. Mechthild aber ist wieder Witwe und nimmt ihren Witwensitz in Rottenburg. Sie holt Gelehrte, Dichter und Künstler an ihren Hof. Heiraten will sie nicht mehr. 1477 veranlasst sie ihren Sohn, Graf Eberhard V. von Württemberg, die Universität in Tübingen zu gründen. 1482 stirbt sie in Heidelberg. Sie ist neben ihrem ersten Mann, Graf Ludwig I. von Württemberg, in der Tübinger Stiftskirche begraben.

Mechthild von der Pfalz. Bildnis aus dem Codex Ingeram von 1459.

1454

# Rottweil und die Eidgenossen

Eine Stadt mitten im heutigen Baden-Württemberg als Mitglied der Schweizer Eidgenossenschaft? Eine Zeit lang sah es so aus, als könnte das scheinbar Unmögliche wahr werden. Die Rottweiler jedenfalls bemühten sich darum und richteten ihre Politik zielstrebig danach aus – und der Pakt mit der Eidgenossenschaft wurde bis heute nicht offiziell aufgelöst.

Die alte Reichsstadt Rottweil pflegte seit dem Spätmittelalter enge Beziehungen zu Schweizer Städten. Rottweiler Tuch wurde nach Zürich exportiert, der Rottweiler Vieh- und Getreidemarkt von Schweizer Kaufleuten besucht, in Rottweil gegossene Glocken und Kanonen an Schweizer Städte geliefert. In diesen Jahrzehnten begann sich die Eidgenossenschaft durch ein komplexes Vertragswerk als staatliche Einheit herauszubilden – und Rottweil war dabei!

Seit 1346 war die Reichsstadt mit Schaffhausen verbündet. 1454 nahm die Schweizer Eidgenossenschaft Rottweil sogar in die Gruppe der *Zugewandten Orte* auf. Dazu gehörten neben Rottweil z.B. auch Biel und St. Gallen. Sie galten als eidgenössische Gebiete, die noch keine Vollmitglieder waren. Das hatte weitreichende Konsequenzen. Rottweil musste dem Bündnis *Zuzug* leisten, das heißt Soldaten stellen, hatte aber auch Anspruch auf Schutz durch die Eidgenossenschaft. Krieg durften die Rottweiler nur mit Einverständnis der anderen Eidgenossen führen und mussten gemeinsam getroffene Urteile akzeptieren. So beteiligte sich Rottweil 1476 am Krieg der Schweiz gegen den burgundischen König Karl den Kühnen, der es vor allem auf die Unterwerfung der Städte Bern und Freiburg im Waadtland abgesehen hatte. Rottweiler Verbände waren auch an Feldzügen der Eidgenossen in Oberitalien dabei. Noch enger wurde die Bindung an die Eidgenossenschaft 1519: Seit diesem Jahr zählt Rottweil zu den »Ewigen Mitverbündeten«. Dazu gehörten die dreizehn Schweizer Hauptorte und die Stadt Rottweil. Das Bündnis sah nun auch wirtschaftliche und rechtliche Regelungen vor. Auf die Einführung neuer Zölle wollte man verzichten, die Mitglieder genossen Meistbegünstigung bei Kauf und Verkauf und gewährten sich gegenseitig Rechtshilfe.

Erst als die Schweiz nach dem Dreißigjährigen Krieg aus dem *Heiligen Römischen Reich* ausschied und ein eigenes Staatsgebiet beanspruchte, konnte Rottweil de facto nicht mehr Mitglied der Eidgenossenschaft sein. Es lag zu weit abseits. Doch gekündigt wurde der Pakt der *Ewig Mitverbündeten* nie. 1794 bemühte sich Rottweil – damals noch Reichsstadt – noch einmal um eine Wiederbelebung des Bundes. Aber dann kam Napoleon, ordnete Europa neu, das *Heilige Römische Reich* wurde aufgelöst, die Reichsstädte verloren ihre Selbstständigkeit, und Rottweil kam zum Königreich Württemberg.

Das Schwarze Tor in Rottweil.

1455

# Barbara Gonzaga aus Mantua

Im November 1473 schickt Graf Eberhard V. von Württemberg seinen Vertrauten, Ritter Georg von Ehingen, als Brautwerber nach Mantua. Eberhard ist 28 Jahre alt, hat eine Pilgerfahrt nach Jerusalem hinter sich gebracht, ist Ritter vom Heiligen Grab und beginnt gerade, Urach am Rande der Schwäbischen Alb zu seiner Residenz auszubauen. Dort residiert er als Graf von Württemberg-Urach. Barbara Gonzaga, 1455 geboren, ist 18.

Wer den württembergischen Grafen auf Barbara Gonzaga, die Tochter des Markgrafen Ludovico II. von Mantua, aufmerksam gemacht hat, ist umstritten. Vielleicht Markgraf Albrecht Achilles von Brandenburg? Denn Ludovicos Frau, die Mutter Barbaras, ist eine brandenburgische Prinzessin. Die Vorverhandlungen in Mantua machen Graf Eberhard Mut, im Frühjahr 1474 mit großem Gefolge nach Italien zu reisen. Am 1. April treffen sich die beiden zum ersten Mal in Revere, nahe Mantua. Ein Schreiber Gonzagas schildert Eberhard als klein, mager und mit starkem Haarwuchs. Er bemerkt eine Adlernase und »ziemlich gute Gesichtszüge«. Die 22-jährige Braut beschreibt er als »schön und ziemlich korpulent«, was Eberhard sehr gefallen habe. Wenige Tage später findet die Verlobung statt und schon am 12. April die kirchliche Trauung im Dom zu Mantua. Gonzaga vermacht seiner Tochter eine Aussteuer von 9000 Gulden und eine Mitgift von 20 000 Gulden. Eberhard überschreibt seiner Gemahlin Stadt und Amt Herrenberg mit allen Einkünften. Drei Tage später reist Eberhard wieder ab. Barbara folgt ihm erst im Juni mit großem Gefolge. Gefeiert wird die Hochzeit in großem Stil mit 14 000 Gästen, die innerhalb weniger Tage 165 000 Laib Brot und über 150 000 Liter Wein konsumierten. Die Menüfolge des Hochzeitsmahls ist erhalten: Es hatte 22 Gänge, darunter Huhn in weißer Brühe, Bratwürste mit Kraut, Spanferkel, Ochsenfleisch, Forellen, Wildbret und zum Schluss Gebackenes, weißes und braunes Mus, gebratene Hühner und Krebse.

Ein Jahr später bekommt Barbara eine Tochter, die aber bereits nach wenigen Wochen stirbt. Sonst gibt es keine Kinder. Die Ehe soll trotzdem glücklich gewesen sein, auch wenn Barbara schreckliches Heimweh nach Mantua hat. Wie sich die beiden unterhalten haben? Barbara hat eine deutschsprachige Mutter, vermutlich beherrscht sie etwas Deutsch. Eberhard soll dagegen kein Italienisch gesprochen haben. Nach dem Tod ihres Mannes 1496 schreibt Barbara ihrem Neffen Francesco, sie wolle zurück in ihr Elternhaus, *um die wenigen Jahre, die ihr noch verblieben, im Schoße ihrer Familie zu leben und dort auch zu sterben.* Es wird nichts draus. Sie muss – aus politischen Gründen – in Württemberg bleiben und stirbt 1503 in Böblingen. Sie wird 48 Jahre alt.

Ausschnitt aus einem Wandfresko im Herzogspalast in Mantua.

1458

# Bernhard von Baden – Schutzpatron von Moncalieri

Wie kommt ein badischer Markgraf zu der Ehre, Schutzpatron einer italienischen Stadt zu werden? In der Marienkirche von Moncalieri ist er beigesetzt, und bis heute finden Wallfahrten zu seinem Grab statt. Auch in badischen Kirchengemeinden wird er verehrt und heute noch zu ihm gebetet. Denn Bernhard ist auch seit seiner Seligsprechung Schutzpatron der katholischen Grafschaft Baden-Baden.

Ende der 1420er-Jahre wird Bernhard auf Schloss Hohenbaden geboren. Sein Vater ist Markgraf Jakob I. von Baden, seine Mutter Katharina von Lothringen, eine Schwester Kaiser Friedrichs III. Mit seinem Vater nimmt er an der Belagerung Esslingens im Jahr 1449 teil. Als junger Mann kämpft er auf der Seite von René von Anjou in Oberitalien. Er will Söldnerführer werden. Nach dem Tod seines Vaters soll er die Herrschaft über Pforzheim antreten, doch er einigt er sich mit seinem älteren Bruder Karl darauf, auf Erbansprüche zu verzichten. Dafür schlägt er eine diplomatische Laufbahn ein. Sein Großvater, Kaiser Friedrich III., schickt ihn an europäische Fürstenhäuser, um für einen Kreuzzug gegen die Türken zu werben. Während dieser Reise ist er in Moncalieri am 15. Juli 1458 an der Pest gestorben.

Bald nach seinem Tod sollen sich nach Gottesdiensten bei seinem Grab Spontanheilungen ereignet haben. Im Laufe der Zeit wird die Wallfahrt dorthin immer beliebter. 22 Jahre nach seinem Tod stellt die Kirche eine notariell beglaubigte Liste von 46 bezeugten Wunderheilungen fest. Eine Heiligsprechung bleibt aber aus. Schließlich lässt der Generalvikar Turins – 300 Jahre nach Bernhards Tod – die Untersuchungen wieder aufnehmen, und zwei Jahre später spricht Papst Clemens XIV. Bernhard von Baden selig. Außer den Wundern bescheinigt man Bernhard einen religiösen Lebenswandel. Seine Einkünfte habe er nur zu einem Drittel für sich selbst verwendet. Ein Drittel kam den Armen zugute, ein weiteres Drittel der Kirche. Nun hätte eigentlich die Heiligsprechung erfolgen sollen. Doch der damalige Markgraf August Georg scheut die erheblichen Kosten, die das Verfahren verursacht hätte, und macht Bernhard stattdessen neben St. Georg, dem bisherigen Schutzpatron, zum zweiten Schutzpatron der Markgrafschaft.

2011 beschließt das Erzbistum Freiburg, seine Heiligsprechung einzuleiten. Im Jahr darauf prüft die Kongregation für Heiligsprechungen im Vatikan die Dokumente, Papst Franziskus bescheinigt Bernhard zwar die Voraussetzung für die Heiligsprechung als *Ehrwürdiger Diener Gottes*. Doch die ihm zugeschriebenen Wunder kann er nicht anerkennen, weshalb die Heiligsprechung 2018 ausgesetzt wird.

Tafelbild in St. Urban in Freiburg.

W. Dürr. 1852.

1480

# Johann Georg Faust

Wunderheiler, Alchemist, Magier, Astrologe, Wahrsager hat er sich genannt. Die historische Figur des Doktor Faustus aber wird schnell überlagert von der Sagenfigur und zu einem beliebten literarischen Motiv, das ihn weit über Deutschland hinaus bekannt macht.

In Knittlingen wird er 1480 geboren. Ein Kaufvertrag von 1542 weist darauf hin. Neben der Lateinschule wird in diesem Jahr ein Haus verkauft, »allwo Fausten born«. Philipp Melanchton aus Bretten, wenige Kilometer von Knittlingen entfernt, bestätigt es: *Ich hab einen gekennet mit Namen Faustus von Kundling. Ist ein kleines Stettlin nicht weit von meinem Vatterland. Derselbige, da er zu Krakau in die Schul ging, da hat er die Zauberey gelernet.*

Tatsächlich hat man in seinem Geburtshaus merkwürdige Dinge gefunden: ein Schränkchen aus Nussbaumholz in Form eines Hexagramms, mit Intarsien verziert, welche die vier Elemente Luft, Wasser, Feuer, Erde, darstellen sowie das Zeichen für Quecksilber und für *Sal*, worunter man in der Magie der Zeit das Körperhafte verstand. Auch einen Zettel hat man gefunden mit einem Abwehrzauber, der Sator-Arepoformel: Ob man sie von links nach rechts, von oben nach unten oder von unten nach oben liest, sie lautet immer gleich. Die verwendeten Buchstaben sind ein Anagramm von *Paternoster* (zweimal), die Worte TENET bilden ein Kreuz.

| S | A | T | O | R |
|---|---|---|---|---|
| A | R | E | P | O |
| T | E | N | E | T |
| O | P | E | R | A |
| R | O | T | A | S |

Sator-Arepoformel

Als Schwarzkünstler bezeichnet man ihn. In Maulbronn soll Faust für den Abt Gold hergestellt haben. In Würzburg, Bamberg, Fürth, Ingolstadt, Staufen im Breisgau und Erfurt ist sein Auftreten verbürgt. Schnell entstehen Anekdoten vom Teufelsbeschwörer. Diese sammelt erstmals 1587 Johann Spies in einem Volksbuch. Damit beginnen die literarischen Bearbeitungen. Goethe sieht sich gleich mehrmals in Straßburg während seiner Studentenzeit ein Puppentheaterstück zu Faust an und ist begeistert. Der Urfaust entsteht. Die Arbeit am Faust begleitet sein Leben.

In Staufen im Breisgau soll ihn der Teufel geholt haben. Wieder soll er versucht haben, Gold herzustellen. Dabei ist wohl sein Labor in die Luft geflogen. Ein Wandbild mit Inschrift am Hotel Löwen erinnert daran. Im Volksbuch von Spies liest sich das so: *Es geschahe aber zwischen zwölf und ein Uhr in der Nacht, dass gegen dem Haus her ein großer ungestümer Wind ginge … Die Studenten lagen nahe bei der Stuben, da D. Faustus innen war. Sie hörten ein greuliches Pfeifen und Zischen … Indem gehet D. Fausti Thür auf in der Stuben, der hub an, um Hülf und Mordio zu schreien.* Sein Hirn, Blutspritzer und ein paar Zähne finden sie in Fausts Zimmer, seinen Körper auf dem Misthaufen.

▲ Faustmuseum in Knittlingen. ▼ Wandgemälde am Gasthaus Löwen in Staufen.

1480

# Jörg Ratgeb aus Schwäbisch Gmünd

Er stammt aus einer Schwäbisch Gmünder Bürgerfamilie und hat im süddeutschen Raum bedeutende Kunstwerke wie den Schwaigerner und den Herrenberger Altar geschaffen. Bekannt geworden ist er auch durch seine Teilnahme am Bauernkrieg. Als Mitglied im Rat der Stadt Stuttgart verhandelt er mit den Bauern und lässt sich schließlich von ihnen zum Kriegsrat und Kanzler wählen.

Seine Ausbildung als Maler erhält er in seiner Heimatstadt Schwäbisch Gmünd. Im *Schürtzenhaus* soll er um 1480 geboren sein, das in Gmünd seit 1371 belegt ist. Sowohl er als auch sein Vater werden deshalb auch mit Beinamen verschiedentlich *Schürtz* genannt. Nach seiner Lehre geht er, wie damals üblich, auf Wanderschaft, hält sich im Raum Augsburg und am Oberrhein auf, bevor er wieder nach Gmünd zurückkehrt, wo er als Meister in die dortige Malerzunft eintritt. 1503 erwirbt er in Stuttgart das Bürgerrecht, doch schon bald arbeitet er als Altarmaler in Frankfurt. 1509 führt er eine Werkstatt in Heilbronn, wo er für das Karmeliterkloster tätig ist. Er lebt mit einer leibeigenen Frau zusammen, mit der er ein Kind hat und die er heiraten will. Vergeblich schreibt er 1510 an Herzog Ulrich, ihren Leibherrn: *Ist mein gantz undertenig und demütig Bitt …, damit sein fürstlich Gnad mir mein Weib und Kind der Laybeigenschaft ledig sage.* Auch die Stadt Heilbronn unterstützt seine Bitte, die beiden freizukaufen. Der Herzog bleibt hart.

1514 bis 1522 ist er in Frankfurt nachgewiesen. Dort führt er eine Werkstatt mit zehn Mitarbeitern. Während der Zeit des Bauernkriegs arbeitet er wieder in Stuttgart. Als sich die Regierungsverantwortlichen vor den Bauern in Sicherheit bringen und neue Räte bestimmt werden müssen, wird auch er in den Rat der Stadt gewählt. Er soll mit den Bauern verhandeln. In Kirchheim berät er mit verschiedenen Bauerndelegationen. Ratgeb erscheint bald darauf als Kriegsrat und Kanzler der Bauern. Ein Brief an den Adel mit ihren Forderungen wird verfasst, den er nach Stuttgart bringt. Doch inzwischen ist das Heer des Schwäbischen Bundes herangerückt. Dessen Führer, Georg Truchsess von Waldburg-Zeil, signalisiert Gesprächsbereitschaft – um Zeit zu gewinnen, die er braucht, um seine Truppen aufzustellen. Die Bauern warten vergeblich. Dann schlägt der Truchsess los.

Wie viele Bauernführer flieht Ratgeb nach der Niederlage, wird verraten, gefangen genommen und vor Gericht gestellt. Zweiundzwanzig Tage hat er sich bei den Bauern aufgehalten und versucht, ihren Protest in politische Bahnen zu lenken, um ihre Forderungen nach einem gerechteren Leben voranzubringen. In Pforzheim wird er deshalb wegen Hochverrats verurteilt und grausam hingerichtet.

Der Schwaigerner Altar zeigt das Martyrium der heiligen Barbara.

schmuckes

# 1491

# Der Postmichel zu Esslingen

Ein Brunnen erinnert an den Esslinger Postmichel. Oben auf der Brunnensäule ist er zu sehen, wie er ins Posthorn stößt. Reliefs an der Einfassung erzählen seine Geschichte. In Esslingen ist er bis heute populär. Ein Restaurant hat sich nach ihm benannt und eine Stadtzeitung. Sogar einen Film hat man über ihn gedreht. Aber hat der Postmichel wirklich gelebt?

Kurz zusammengefasst soll sich im Jahr 1491 Folgendes auf der Straße zwischen Stuttgart und Esslingen zugetragen haben: Ein reicher Esslinger Bürger lag eines Morgens tot vor dem Esslinger Tor in Stuttgart, erstochen. Sein Neffe erbte als einziger Verwandter all seinen Besitz. Vom Mörder keine Spur.

Nach zwei Jahren fand ein Postreiter auf der Esslinger Steige einen goldenen Siegelring mit Wappen. Er hob ihn auf und steckte ihn an seinen Finger. Doch als er in die Postschenke einkehrte, erkannte einer den Ring und das Wappen des Ermordeten. Der Postmichel wurde verhaftet, obwohl er seine Unschuld beteuerte. Man folterte ihn, bis er schließlich gestand. So wurde er verurteilt und geköpft. Fortan erschien in der Michaelisnacht ein Reiter mit dem Kopf unter dem Arm vor des Richters Haus. Man hörte Hufgetrappel und Hörnerklang. Vierzig Jahre später lag der Neffe des Ermordeten im Sterben. Auf dem Totenbett bekannte er dem Priester, den Mord an seinem Onkel aus Habgier begangen zu haben. Seitdem erschien der Geist des Postmichels nie wieder.

Die Geschichte ist frei erfunden. Johann Gottlieb Munder hat 1834 zuerst eine Ballade über den Postmichel geschrieben, die er zehn Jahre später als Erzählung in dem Unterhaltungsblatt *Stuttgarter Stadtglocke* veröffentlicht hat. Also nur ein *Stuttgarter Ammenmärchen*, wie Munder selbst bekannt hat? Beileibe nicht! Der Fall *Postmichel* gibt Aufschluss über das Justizwesen vergangener Jahrhunderte. Artikel 192 der im *Heiligen Römischen Reich* gültigen *Constitutio Criminalis Carolina* listet die verschiedenen Todesstrafen auf: Enthauptung wie im Falle des Postmichels galt noch als milde gegenüber Verbrennen, Vierteilen, Pfählen oder lebendig Begraben. Gab es keine Zeugen, musste der Beschuldigte zu einem Geständnis gebracht werden. Über Art, Dauer und Heftigkeit der Folter entschied der Richter. Im Rahmen der Geistlichen Gerichtsbarkeit gab es die *Heilige Inquisition*. In weltlichen wie in geistlichen Verfahren hatten Sachbeweise keine Gültigkeit. Auch der römische Rechtsgrundsatz: *Im Zweifel für den Angeklagten* wurde nicht beachtet. Deshalb kam neben der Aussage zweier Zeugen dem Geständnis besondere Bedeutung zu. Unzählige Fehlurteile waren die Folge, denn mit heftiger Folter war schließlich jedes Geständnis zu erzwingen.

Postmichelbrunnen in Esslingen.

1497

# Philipp Melanchthon kommt in Bretten zur Welt

Sein Vater, Georg Schwartzerdt, ist gelernter Waffenschmied und Rüstmeister des Kurfürsten von der Pfalz. Deshalb ist er ständig unterwegs. Er und seine Frau wohnen bei den Schwiegereltern in Bretten. Dort kommt Philipp auf die Welt. Ein eigener Hauslehrer unterrichtet ihn in Latein. Dann wird er nach Pforzheim in die Lateinschule geschickt. Sein Onkel Johannes Reuchlin schenkt ihm eine griechische Grammatik und verpasst ihm einen neuen Namen: Melanchthon.

Das ist nichts anderes als die Übersetzung seines Familiennamens Schwartzerdt. In der Grammatik steht die Widmung, auf Latein. Sie lautet übersetzt: *Diese griechische Grammatik hat zum Geschenk gemacht Johannes Reuchlin aus Pforzheim, Doktor der Rechte, dem Philipp Melanchthon aus Bretten, im Jahr 1509 an den Iden des März.* Reuchlin ist hochangesehener Jurist und Richter des Schwäbischen Bundes, außerdem Philosoph, Humanist und Diplomat.

Ein halbes Jahr später ist der zwölfjährige Melanchthon Student an der Universität Heidelberg. Den ersten Abschluss hat er 1511 in der Tasche. Der Vierzehnjährige ist nun *Baccalaureus*. Neben den Alten Sprachen Hebräisch, Griechisch und Latein hat er auch Mathematik, Astronomie und Musik studiert. Den Abschluss macht er 1514 an der Universität in Tübingen, wo der nun 17-Jährige eine Lehrtätigkeit aufnimmt. 1518 folgt er einem Ruf als Griechischprofessor an die Universität Wittenberg. Dort lernt er Martin Luther kennen, der ihn – nicht ohne Anerkennung – *Graeculus*, kleiner Grieche, nennt. Bald freunden sich die beiden an, und Luther nimmt ihn 1519 zur *Leipziger Disputation* mit, auf der es darum geht, die neuen evangelischen Gedanken gegenüber der katholischen Lehrmeinung zu verteidigen. Unter Luthers Einfluss wird Melanchthon zum Theologen. Er steht in Briefkontakt mit führenden Humanisten der Zeit wie Erasmus von Rotterdam.

Sein Onkel Johannes Reuchlin ist von dieser Wendung nicht erbaut und versucht, ihn an die ausgeprägt katholische Universität Ingolstadt zu holen. Melanchthon lehnt ab. Als Luther durch das Wormser Edikt nach dem päpstlichen Bann nun auch in die Reichsacht gerät und untertauchen muss, wird Melanchthon zu seinem Stellvertreter. Bald ist er theologischer Berater des sächsischen Kurfürsten Friedrichs des Weisen und zählt nach Luther zum einflussreichsten Reformator in Deutschland. An der Bibelübersetzung Martin Luthers hat er großen Anteil. So profitiert Luther von Melanchthons hervorragenden Hebräisch- und Griechischkenntnissen. Als Studienreformer, Humanist und umfassend gebildeter Wissenschaftler wird er bald ehrenvoll als *Praeceptor Germaniae*, Lehrmeister Deutschlands, bezeichnet. Er stirbt 1560 in Wittenberg.

Gemälde von Lucas Cranach, 1532.

1514

# Peter Gaiß und der *Arme Konrad*

Die Empörung ist groß. Herzog Ulrich hat neue Gewichte einführen lassen, um eine Verbrauchssteuer durchzusetzen. Die Preise für Fleisch und Brot werden zwar nicht um den Steueraufschlag erhöht, aber man bekommt viel weniger für sein Geld. Das Volk sieht sich betrogen. Peter Gaiß, Taglöhner in Beutelsbach, will sich das nicht gefallen lassen.

Am 2. Mai 1514 beschafft er sich die neuen, leichteren Gewichte. Mit einer immer größeren Schar von Neugierigen geht er zur Rems und wirft sie unter dem Beifall seiner Begleitung ins Wasser. Er wird vor das Dorfgericht zitiert und rechtfertigt sich damit, dass die Steuererhöhung geltendes Recht verletze. Das Gericht spricht eine Verwarnung aus und verweist ihn auf den offiziellen Beschwerdeweg. Doch Peter Gaiß lässt sich nicht einschüchtern. Am folgenden Tag wiederholt er die Aktion mit einer noch größeren Anhängerschar. In der Nacht steigt er auf den Kappelberg bei Beutelsbach und läutet die Sturmglocke. Mehrere Hundert Bauern versammeln sich zu einem Protestmarsch in die Amtsstadt Schorndorf. Die herzoglichen Beamten versprechen, sich um die Angelegenheit zu kümmern, und tatsächlich hebt der Herzog Mitte Mai die neue indirekte Verbrauchssteuer wieder auf. Doch der Unmut hat bereits weitere Dörfer und Städte erfasst, und der Aufstand hat jetzt einen Namen. In Städten und Dörfern führen die Aufständischen des *Armen Konrad* Gemeindeversammlungen durch.

Die herzogliche Regierung versucht den Aufstand zu beschwichtigen. Man soll die Beschwerden aufschreiben, sie würden dann geprüft. Es kommt zu einem Bauernlandtag in Stuttgart, die Vertreter der bürgerlichen Führungsschicht treffen sich dagegen mit den Abgesandten der Regierung in Tübingen und handeln den »Tübinger Vertrag« aus: Die bürgerlichen Landstände bezahlen die Schulden des Herzogs, dafür bekommen sie das Recht, künftig bei Steuererhebungen mitzureden und die Steuern selbst einzuziehen. Bei Krieg und Frieden und bei Verkauf von Land und Leuten müssen sie zustimmen. Alle württembergischen Untertanen erhalten das Recht des *freien Zugs* und das Recht auf ordentliche Prozesse vor Gericht. Ausdrücklich wird aber festgelegt, dass Aufruhr gegen die Staatsgewalt künftig mit schweren Strafen geahndet wird. Mit Hilfstruppen benachbarter Fürsten jagt nun Herzog Ulrich die aufständischen Bauern auseinander. Und Peter Gaiß? Ihm gelingt zunächst die Flucht außer Landes. Im Jahr darauf wird er aufgegriffen und an Württemberg ausgeliefert. Viele werden hingerichtet. Die württembergischen Landstände haben aber durch den mutigen Aufstand des *Armen Konrad* entscheidende Rechte erhalten, die bis Ende des 18. Jahrhunderts Geltung haben.

Peter-Gaiß-Denkmal von Fritz Nuss in Beutelsbach.

1515

# Mord im Böblinger Forst

Hans von Hutten, Stallmeister und Freund Herzog Ulrichs von Württemberg, heiratet 1514 Ursula Thumb von Neuburg. Der Herzog ist wütend. Er hat selbst ein Auge auf sie geworfen. Doch er ist mit Sabina von Bayern verheiratet, der Tochter Herzog Albrechts IV. Die Tragödie nimmt ihren Lauf.

Ulrich verlangt von Hans von Hutten, sein stillschweigendes Einverständnis zu einer Affäre mit dessen Ehefrau zu geben. Dieser ist empört und bricht sein anfangs versprochenes Schweigen. Der Skandal ist da. Ulrich wirft ihm Verrat vor, dann zeigt er sich scheinbar zerknirscht und gibt vor, sich mit ihm versöhnen zu wollen. Er lädt ihn zu einer Jagd am 8. Mai 1515 im Schönbuch ein. Hutten folgt der Einladung, obwohl seine Freunde ihn warnen. Unter dem Vorwand, ein vertrauliches Gespräch führen zu wollen, schickt Ulrich die Jagdgesellschaft voraus. Als die beiden von ihren Pferden steigen, stürzt sich Ulrich auf den überraschten Freund und sticht ihn nieder.

Hat Ulrich geglaubt, glimpflich davonzukommen, dann hat er sich gewaltig geirrt. Die Familie des Ermordeten verklagt ihn bei Kaiser Maximilian. Ulrich wird an den kaiserlichen Hof zitiert. Einflussreiche Grafen und Edelleute sagen sich von ihm los, und seine Frau, Herzogin Sabina, beginnt Fluchtpläne zu schmieden, bei der sie Kaiser Maximilian unterstützt. Sie ist seine Nichte. Der württembergische Landtag beschließt, dass im Falle der Absetzung des Herzogs Sabina für ihren einjährigen Sohn Christoph die Verwaltung des Herzogtums übernehmen soll. Schließlich wird Sabina die Sache zu heiß, und sie flieht nach München. Ulrich spricht von einer Entführung. Hektisch beginnt er mit benachbarten Fürsten zu verhandeln, wie dem Markgrafen von Baden und dem Pfalzgrafen. Schließlich gelingt es ihm, den württembergischen Landtag wieder auf seine Seite zu ziehen, wohingegen der bayrische Landtag ihm Misshandlung seiner Frau Sabina vorwirft.

Am 11. Oktober 1516 spricht Kaiser Maximilian über ihn die Reichsacht aus. Ulrich lässt daraufhin die Vögte von Weinsberg, Cannstatt und Tübingen verhaften, weil sie ihn beim Kaiser angeschwärzt hätten. Sie werden gefoltert und hingerichtet. Ulrich wütet weiter und geht gegen angebliche Fluchthelfer vor, deren Schlösser und Dörfer er niederbrennen lässt. Erneut spricht der Kaiser die Reichsacht über ihn aus. Ein Jahr später stirbt Maximilian. Was tut Herzog Ulrich? Er überfällt die Reichsstadt Reutlingen, die er seinem Land einverleiben will. Nun erklärt ihm der Schwäbische Bund den Krieg. Dessen Truppen führt Herzog Wilhelm von Bayern an, ein Bruder von Sabina. Ulrich wird besiegt, verbannt und Württemberg der kaiserlichen Verwaltung unterstellt.

Buchillustration von 1519, Prädikantenbibliothek Isny.

1516

# Burg Krautheim und der Schwäbische Gruß

Eigentlich müsste er »Fränkischer Gruß« heißen, denn Götz von Berlichingen, der ihn prominent verwendet hat, war ein fränkischer Ritter, und Krautheim, wo der Gruß erschollen ist, liegt in der Region Heilbronn-Franken. Doch die Redensart ist viel älter als Götz und ursprünglich wohl eine Art Abwehrzauber gewesen.

Götz berichtet in seiner *eigenhändigen Lebensbeschreibung*, wie es zu der Einladung besonderer Art gekommen ist: Götz liegt in Fehde mit dem Erzbistum Mainz. Im Winter 1516 fällt er sengend und brennend in mainzisches Gebiet ein und reitet vor die Burg in Krautheim. Dort sitzt der mainzische Amtsvogt Max Stumpf, mit dem Götz noch ein Hühnchen zu rupfen hat, denn Stumpf hat sich nach seiner Auffassung nicht an die Fehderegeln gehalten. Götz: *Sie vergaßen ihrer Pflicht und wurden treulos und meineidig und verbrannten uns heimlich und unangesagt einen Hof und eine Mühle.*

Unterhalb des Schlossbergs zündet Götz einen Schafstall an. Er rechtfertigt sich: *Ich hab gleichwohl nit gern gebrennt, doch geschah es diesmal, weil ich dacht, der Amtmann sollt über das Feuer rücken.* Er rechnet also mit einem Ausfall der Burgbesatzung und verspricht sich einen strategischen Vorteil von der Brandstiftung. Max Stumpf erscheint jedoch nur auf der Burgmauer und brüllt ihn an. *Da schrie ich wieder zu ihm hinauf, er sollt mich hinten lecken.*

Goethe hat das Zitat nach Jagsthausen verlegt, wo alljährlich die Besucher der Freilichtspiele im Innenhof des Schlosses darauf warten, bis es endlich fällt. Auch den Zusammenhang hat er verändert. Bei Goethe hat der Kaiser über Götz die Reichsacht verhängt. Ein Trupp Bewaffneter steht vor Jagsthausen, um ihn gefangen zu nehmen. Er soll sich ergeben, was Götz empört zurückweist. Vor dem Kaiser habe er Respekt, aber der Hauptmann könne ihn …

Die Geschichte zeigt anschaulich die Auswirkungen mittelalterlichen Fehderechts, bewaffnete Selbsthilfe im Rahmen gewisser Regeln. Denn es gab noch kein Gewaltmonopol des Staates, der auch gar nicht in der Lage war, ein solches durchzusetzen. Die Fehde war also eine Form von Selbstjustiz. Die Kaiser bemühten sich seit dem späten Mittelalter um das Verbot der Fehden. Landfriedensordnungen wurden erlassen, ein Reichshofrat und ein Reichskammergericht geschaffen. Doch Fehden fanden noch bis ins 16. Jahrhundert statt.

Der Schauplatz des Geschehens, die Burg Krautheim, geht auf das 12. Jahrhundert zurück. Im 14. Jahrhundert kamen Burg und Stadt an das Erzbistum Mainz. Während des Bauernkriegs wurde die Burg zerstört, danach aber von den Mainzer Erzbischöfen wieder aufgebaut. In der Stadt erinnert der Götzgedenkstein daran, wo das berühmte literarische Zitat gefallen ist.

▲ Vor Burg Krautheim soll das Götzzitat gefallen sein. ▼ Waffenkammer auf Burg Krautheim.

1525

# Eine neue Zeit?

Ewiger Landfriede, Ende der Fehden, Reformation und Tübinger Vertrag als erstes Grundgesetz in Württemberg – Ereignisse wie diese prägen den Übergang vom Mittelalter zur frühen Neuzeit. Eines davon ist der Bauernkrieg, auch wenn er brutal niedergeschlagen wird. 1525 erheben sich im Südwesten die Bauern. Sie setzen darauf, dass nun alles anders werden muss.

Als Adam grub und Eva spann, wo war denn da der Edelmann? So heißt es in einem Sprichwort. Schon 1493 erscheint der Spruch in einem Gedicht von Hanns Sporer. 1519 taucht er als Graffito am Hof Kaiser Maximilians auf. Der Horber Sebastian Lotzer verfasst in Memmingen »Zwölf Artikel« der Bauernschaft, auf die sich 50 Vertreter oberschwäbischer Bauernversammlungen einigen. Im fränkischen Amorbach geschieht Ähnliches. Nach Heilbronn wird ein Bauernparlament einberufen. Die Artikel der Bauern gelten als frühe schriftlich verfasste Forderung nach Freiheits- und Menschenrechten, wie Freiheit von Leibeigenschaft, Rechtsprechung nach Gesetz, Reglementierung der Steuern und Pachtzinsen, freie Jagd, freie Nutzung des Waldes und des Gemeindelandes.

Die Fürsten sind alarmiert. Luther zeigt anfänglich Verständnis für die Zwölf Artikel. *Nun ist's ja auf die Dauer unerträglich, die Leute so zu besteuern und zu schinden*, schreibt er. Nach dem blutigen Gerichtstag der Bauern in Weinsberg, wo Adelige durch die Spieße gejagt wurden, schwenkt er um und spricht von *mörderischen und räuberischen Rotten der Bauern.* Und tatsächlich: Die aufständischen Bauern zerstören im Südwesten Hunderte von Burgen und Klöster. Es droht eine Revolution.

In aller Eile zieht der Schwäbische Bund ein Söldnerheer zusammen, Georg Truchsess von Waldburg-Zeil soll es führen. Der *Bauernjörg*, wie er bald genannt wird, besiegt zuerst die Bauern in Oberschwaben, dann zieht er nach Württemberg. In Böblingen erleiden die Bauern eine schlimme Niederlage. Die fränkischen Bauern werden in der Schlacht bei Königshofen besiegt, die letzten Aufständischen im Allgäu. Die Rache der Herren ist fürchterlich. Man geht von 75 000 Toten aus. Die Bauern bleiben der Willkür der Feudalherren ausgesetzt, und die Leibeigenschaft wird erst rund 300 Jahre später abgeschafft.

Aber die neuen Denkweisen sind in der Welt. In Württemberg bestimmen z.B. die Landstände die Politik mit, gestärkt durch den Tübinger Vertrag von 1514, etwa in der Gesetzgebung, der Steuerbewilligung, in Angelegenheiten von Krieg und Frieden. Württembergische Untertanen haben das Recht auszuwandern, und ihnen wird Rechtssicherheit zugebilligt. So beginnt sich in dieser Zeit ein neues Verständnis von Staat und Gesellschaft herauszubilden.

▲ Installation im Deutschen Bauernkriegsmuseum Böblingen.
▼ Installation im Bauernkriegsmuseum in Hilzingen.

Dritter Artikel:
Wir wollen aus der Leibeigenschaft entlassen sein.
Zweiter Artikel:
Den kleinen Zehnt wollen wir garnicht geben.
Erster Artikel:
Wir wollen den Pfarrer selber wählen.

# VITA

**Ulrich Maier**, Studiendirektor i. R., geb. in Karlsruhe, ist aufgewachsen in Heilbronn, studierte in Stuttgart Geschichte, Linguistik und Literaturwissenschaft und unterrichtete Deutsch und Geschichte am Justinus-Kerner-Gymnasium in Weinsberg. Bis zu seiner Pensionierung war er außerdem Landeskundebeauftragter des baden-württembergischen Kultusministeriums. Er ist Verfasser zahlreicher Sachbücher und historischer Romane zur baden-württembergischen Landesgeschichte.

# IMPRESSUM

Sollte dieses Werk Links auf Webseiten Dritter enthalten, so machen wir uns die Inhalte nicht zu eigen und übernehmen für die Inhalte keine Haftung.

In diesem Buch wird aus Gründen der besseren Lesbarkeit das generische Maskulinum verwendet. Weibliche und anderweitige Geschlechteridentitäten werden dabei ausdrücklich mitgemeint, soweit es für die Aussage erforderlich ist.

1. Auflage 2023


Umschlaggestaltung: Björn Locke Curldesign, Nürtingen.

Layout und Satz: Silke Schüler, München.
Lektorat: Michael Raffel, Tübingen.

Printed in Slovenia by Florjancic.

ISBN 978-3-8425-2396-8

Ihre Meinung ist wichtig für unsere Verlagsarbeit. Senden Sie uns Ihre Kritik und Anregungen unter **meinung@silberburg.de**

Besuchen Sie uns im Internet und entdecken Sie die Vielfalt unseres Verlagsprogramms: **www.silberburg.de**

# BILDNACHWEIS

Ulrich Maier: S. 3, 4, 7, 8, 11, 15, 23 oben, 40, 47, 51, 56, 63 unten, 64 oben, 67 oben, 71, 72 oben, 75, 76, 83 unten, 84 oben, 88 unten, 112, 119, 120; National Galerie of Art, Washington, D.C.: S. 12; Museum im Steinhaus Bad Wimpfen: S. 28; Dr. Otto Windmüller: S.26

Wikimedia Commons CC BY-SA 3.0: S. 20: Martin Schmidt; S.24 unten: Peter Stein; S. 31 oben: Harke; S.32 oben: Reinhard Kircher; S. 52 oben: Thomas Hentrich; S. 52 unten: Hans Schneider; S. 76, S. 80 unten: Pilettes; S.83 oben, S. 85 unten: Andreas Praefcke; S. 87: Giftzwerg 88; S. 91 unten links: Dr. Eugen Lehle; S. 91 unten rechts: Christian Wolf; S. 103: Joergens.mi; S. 104 oben: Faustmuseum Knittlingen; S. 108: R. Kaelcke

Wikimedia Commons CC BY-SA 4.0: S. 16: Joachim Specht; S. 19 oben, S. 64 unten: Roman Eisele; S. 19 unten: Raimond Spekking; S. 32 unten: Bettina Vier; S. 43: ToHaFr; S. 44, S. 88 oben: Rolf Kickut; S. 68, S. 72 unten: Claudia Reimann; S. 97: Krystof Golik; S. 116: Holger Uwe Schmidt

Coverfotos: Hauptbild Burg Rötteln © Sharp and Blurry, Shutterstock; Einklinker von links nach rechts: St. Georg, Reichenau © Ulrich Maier; Bachritterburg Kanzach, © Ulrich Maier; Altes Kaufhaus Freiburg, Wikimedia Commons, © Joergens.mi, CC BY-SA 3.0; Hintergrundkarte: Württembergkarte aus dem Jahre 1559, vermutlich von Johann Scheubel, gemeinfrei; Freisteller: Hans-Kuony-Brunnen in Stockach, Wikimedia Commons, © Narrengericht, CC BY-SA 4.0.